歴史から理論を
創造する方法

社会科学と歴史学を統合する

保城広至

勁草書房

はじめに

　「歴史から理論を創造する方法——社会科学と歴史学を統合する」という本書のタイトルは，多くの読者に違和感を与えるかもしれない。政治学・経済学・社会学といった社会科学（social sciences）と，人文学（humanities）のひとつである歴史学とは異なった学問分野であり，そのアプローチや分析対象，あるいは学術論文の形式などは異なっているのが一般的な理解だからである。したがって，それら異なった二つの分野が並列しているだけでなく，統合を目指しているこのタイトルからは，ある種の矛盾を感じる読者もいるだろう。また大風呂敷を広げすぎだという印象や，不快感を抱く研究者も少なからずいるかもしれない。

　もちろんそのような違和感は，生じて当然のものである。ただしそのような読者のためにあらかじめ述べておくと，本書はすでに確立された社会科学・人文学といった独立の学問分野を壊して，新たなそれを創造しようとしているわけではない。そうではなく，どのようにすれば両者の積み上げてきた長所を活かすことができるのか。この問いを筆者なりに考察し，それを可能にするような方法論を示すこと，それが本書のねらいである。政治学・経済学・社会学を中心とした社会科学と，政治史・経済史・社会史を含む歴史学との乖離は一般に考えられているほど大きくはない。それらの共通部分をさぐって融合する試みは，両者の強みを活かすという意味で，むしろ大いに生産的なはずである。そのような筆者の期待が，本書を上梓するきっかけとなった。

　そのような目的を掲げるために，やや大げさで挑発的な印象を与えてしまうかもしれないタイトルを持つ本書ではあるが，ここで想定される読者は，社会科学と歴史学を専門とする研究者だけに限定されない。同分野を専攻する大学院生，あるいはレポートや卒業論文を執筆しなければならない大学学部生など

にも，本書を手にとって何らかの参考に供して欲しいと願っている。そのために本書は，次のような三つのレベルを，なるべく偏りなく盛り込むことを意図して書かれている。

　第一に挙げられるレベルは，社会科学や歴史学の方法論初学者を対象とした，基礎的なそれである。社会科学と歴史学では，どのような点が異なると一般に考えられているのか。ある社会現象を「説明」するとはどういうことなのか。帰納法と演繹法とはどのような推論の方法なのか。自分の主張を裏付けるために，どのような社会現象を分析するべきか。そもそもなぜ，学術的な文章を書くには方法論を意識する必要があるのだろうか。このような，大学院生レベル以上には半ば常識だと思われる内容も，なるべく万人が理解できるように本書では詳しく解説している。また本文中に出てきた専門的でやや難解な語彙や概念について，掘り下げて説明したほうがよいと筆者が判断した場合は，「ショート解説」として独立させ，それらについて平明で簡潔な解説も付してある。社会科学や歴史学の方法論を全く知らず，それゆえに大学のレポートなどは自己流に書いてきたような学生にとっても，その点で本書から得るものは少なくないはずである。

　第二のレベルとして挙げられるのは，近年アメリカの政治学界で発展がめざましい社会科学の定性的研究の手法を，なるべくわかりやすいかたちで解説しつつ，本書の随所で取り入れてある点である。とくに 1994 年に『社会科学のリサーチ・デザイン（*Designing Social Inquiry*）』（キングほか 2004［原著は 1994 年］）――著者たちの頭文字をとって KKV と一般に呼ばれている――が出版されて以来，定性的研究についてのさまざまな優れた方法論的考察が世に現れ，多くの論点が提出されてきている。現在におけるアメリカでの研究状況は，すでに「ポスト KKV 時代」（Mahoney 2010, 122）に入っていると言ってもよい。欧米の最新研究動向を日本に紹介するだけの研究――このようなタイプの研究は伝統的に，「ヨコ（外国語）のものをタテ（日本語）にする」と皮肉られているようであるが――はあまり褒められたものではない。しかしながら，海外における最新の優れた研究や学界動向を考慮しない学術成果もまた，近視眼的で偏ったものになりかねない。もちろん筆者の力量不足から，定性的研究に関する方法論の世界的な研究動向をすべてフォローすることはとうてい不可能で

> **ショート解説 00-1　定性的研究と定量的研究**
>
> 　一般的に，定性的研究とは少数の分析対象事例を詳細に分析することによって，当該事例を多面的な角度から明らかにすることを目的とする。それに対して定量的研究とは，数多くの事例やデータを集めてきたうえで，主に統計的な手法によって，平均的な傾向の導出や因果・相関関係の推論を行うタイプの研究のことを指す。定量的研究では，原因となるものを独立変数（independent variable）あるいは説明変数（explanatory variable）と呼び，結果は従属変数（dependent variable）あるいは被説明変数（explained variable）と呼ばれる。本書もそれらの用語を互換的に使用する。
>
> 　ちなみに両者の手法の有用性には，トレードオフの関係が存在する。つまり定性的研究では，分析対象の範囲は狭まるがその理解は深まるだろうし，定量的研究では逆に範囲は広くなるが個別事例に対する理解は希薄になる傾向がある。ただし両者は相互に排他的ではない。少数事例の分析から得られた知見を，統計分析によってより広い範囲で検証することもあるだろう。またその反対に，統計分析の結果により明らかになった平均的な傾向からかけ離れた事例を取り上げて，その逸脱理由を探るために丹念な事例研究を行う場合もあるだろう。そのような両者を融合したような研究は，分析対象を広げ，またそれら対象に対する理解を深めるという意味で，むしろ望ましくもある。

あるが，ポスト KKV 時代における 20 年間で重要だと思われる研究は，本書の随所で取り入れられている。

　そして最後の第三のレベルは，社会科学方法論に対して，本書なりに新たな学術的貢献を行うことである。本文中でもしばしば言及するように，欧米における政治学・社会学には，計量経済学の影響をまともに受けるかたちで，計量化の波が押し寄せてきている。もちろん，伝統的な定性的研究が消え去ったわけではないが，その分析手法を，すでに確立された計量分析における方法論と結び付けようとする試みが，とくに 1990 年代から行われてきた（ショート解説 00-1 を参照）。先述した KKV はその代表例であると言える。そのような傾向に対して本書が論じるのは，社会科学の定性的研究と歴史研究との統合である。このような試みはもちろんいままで存在しなかったわけではないが（たとえば，Trachtenberg 2006），比較的少数派であった。むしろ次の序章で論じるように，

両者の乖離はあまりにも大きいために，統合することは困難であるという論調のほうが支配的であった。なぜ社会科学と歴史学との乖離は大きく，その溝は埋められないと考えられてきたのだろうか。どのようにすれば，二つの学問分野の橋渡しを行うことができるのだろうか。本書がこれから行う方法論的な考察は，先達の知恵を大いに借りつつも，筆者独自の視点で両者の統合を模索したひとつの到達点である。その意味で，本書の位置づけは単なる教科書としてではなく，専門書としても通用するはずだと考えている。

　あらかじめ述べておくと筆者は，国際関係や戦後日本外交を専門とする国際政治学者である。その意味で，現代史，とくに政治史における歴史と理論の関係を主に想定している。ただしそれだけに縛られているわけではない。次章以降に論じることになるさまざまなエピソードや認識論／方法論などは，現代のものだけにとどまらない。また政治学や経済学，科学哲学など，国際関係論以外の専門分野（ディシプリン）から借用してきたものが多く含まれている。したがって，現代の政治史や国際関係論を専門とする読者以外にも，本書で論じる諸問題とその解決法には，学ぶところがあると考えている。

　さらに言えば，──再度終章で取り上げることになるが──詳細な歴史記述と多様な広がりを持つ理論分析を同時に成立させるという試みは，必然的に記述量の増大につながる。本書が提案する方法を逐一実践すれば，最終的には博士論文ができあがってしまうだろう。もちろんそのような挑戦をしてくれれば筆者としてこれ以上の幸せはないが，すべての読者にそれを望むことはもちろんできない。本書の数章，あるいは少なくとも一章からだけでも，何らかの知見を得て，自身の研究やレポート執筆の際に参照してもらえればよい。それで本書の役割は果たされると考えている。

　それでは社会科学と歴史学を結びつける，方法論的考察の旅を開始しよう。

目　次

はじめに　i

序章　歴史と理論：古くて新しい緊張関係 ——— 3

はじめに　4

1　歴史学者による社会科学者批判　4
　　歴史社会学の名著（4）　歴史学者による社会科学者批判①（6）　近代日本政治の理論と歴史（8）　歴史学者による社会科学者批判②（10）　両研究に内在する問題点（11）

2　社会科学者の見解　13
　　狭い歴史学者の視野？（16）

3　歴史と理論の断絶にはらむ問題　18
　　本書の目的（22）　本書の構成（23）

第1章　中範囲の理論：イシュー・時間・空間の限定 ——— 25

はじめに　26

1　パターンと個性　26
　　理論とは何か？（26）　法則性と一過性？（26）

2　「自然主義」と社会科学　28

3　社会科学理論の社会への影響　30
　　予言の自己否定性（30）　予言の自己実現性（32）　理論の現象消失性（32）

4　中範囲の理論　35
　　イシューの限定（37）　時間の限定（37）　空間の限定（39）　中範囲の理論へのひとつのアプローチ（43）

おわりに　44

第2章 「説明」とは何か？ ―――――――――――― 47

はじめに　48

1　「説明」に関する三つの見解　48

2　因果関係の解明としての「説明」　49
　　社会科学者の因果説（49）　歴史家による因果説（52）

3　統合としての「説明」　53

4　記述としての「説明」　54
　　歴史研究者の記述説（54）　歴史学の叙述傾向（56）　社会科学者の記述説（56）

5　解釈・理解としての「説明」？　59
　　文化人類学者の解釈学（59）　ポスト実証主義と解釈学（60）　社会構成主義者の理解説（61）

6　二つの「説明」概念を同時に満足させる　62
　　因果説と記述説の統合（63）

おわりに　66

第3章　帰納／演繹，アブダクション ―――――――――― 67

はじめに　68

1　帰納法とその問題点　69
　　J. S. ミルの五つのカノン（69）　実験の不可能性（72）　自然実験という試み（72）　帰納的飛躍：「すべてのスワンは白い」？（76）　理論負荷性：ウサギにもアヒルにも（78）　理論負荷性を問い直す（82）

2　社会科学における演繹法の陥穽　84
　　前提の不確実性と結論の不確実性（85）

3　アブダクション　87
　　アブダクションと仮説演繹法（89）　アブダクションとさまざまなディシプリン（94）

おわりに　96

第4章　構造的問いと事例全枚挙 ———————————————————— 99

　はじめに　100

　1　単一事例の問題点　100
　　　単一事例の擁護（**104**）　単一事例への批判（**107**）

　2　構造化，焦点化された比較の方法　111
　　　ヘンペルのカラスと比較の単位（**111**）

　3　事例全枚挙　113
　　　分析対象範囲の問題（**117**）　事例を全枚挙する利点（**118**）　従属変数からの選択という問題（**119**）

　おわりに　121

第5章　過程構築から理論化へ ———————————————————— 123

　はじめに　124

　1　過程追跡という手法　124
　　　ベイズの定理と過程追跡（**125**）　理論志向「過程追跡」の問題点（**128**）　プロスペクト理論とキューバ危機（**130**）

　2　歴史過程の構築　133
　　　現象の発端と事例の定義（**133**）　プレイヤーの特定（**135**）　プロセスに沿った分析（**136**）

　3　抽象化，比較分析から理論化へ　138
　　　分割表による体系的比較（**139**）　戦後日本の地域主義外交の例（**145**）

　おわりに　148

終　章　さらなる議論を！ ———————————————————— 151
　　　本書が論じてきたこと（**152**）　本書の意義と限界（**154**）

謝　辞　159
引用文献　161
事項索引　177
人名索引　181

ショート解説一覧

- ショート解説00-1　定性的研究と定量的研究　iii
- ショート解説0-1　一次資料と二次文献　7
- ショート解説0-2　「プロクルーステースの寝台」問題　12
- ショート解説0-3　中心極限定理　14
- ショート解説0-4　経済学「方法論争」　20
- ショート解説0-5　パラダイム・シフト　22
- ショート解説1-1　前向きの解　34
- ショート解説1-2　最小二乗法　40
- ショート解説2-1　D-N説明とI-S説明　50
- ショート解説2-2　社会構成主義　57
- ショート解説3-1　実験群と統制群　73
- ショート解説3-2　比較優位説　74
- ショート解説3-3　「ハード・ケース」と「イージー・ケース」　77
- ショート解説3-4　反証可能性　79
- ショート解説4-1　「最もありえそうな事例」と「最もありえそうにない事例」　105
- ショート解説4-2　決定的実験の不可能性「デュエム＝クワイン・テーゼ」　109
- ショート解説4-3　ヘンペルのカラス　112
- ショート解説5-1　ベイズの定理と3囚人問題　126
- ショート解説5-2　プロスペクト理論　129
- ショート解説5-3　ブール代数とファジー集合　141

歴史から理論を創造する方法
社会科学と歴史学を統合する

もも子へ

■序 章

歴史と理論：
古くて新しい緊張関係

はじめに

「はじめに」で述べたように本書の目的は，歴史学と社会科学を統合することを可能にする方法論を提示することである。それでは，そもそもなぜ別々のディシプリンを統合する必要があるのだろうか？　両者を統合することに，どのようなメリットがあるのだろうか？　そのような根本的な疑問は生じて当然であろう。

本章ではこのような疑問に答えるために，歴史学者から表明された社会科学研究の問題点，また逆に社会科学の側から見た歴史学の問題点を，いくつかの研究事例を取り上げることによって明らかにする。歴史学と社会科学を統合することはすなわち，両者が認識しているお互いの問題点を解消することだと考えられるからである。

具体的には，社会科学者の側には，現実を理論に無理矢理押し込んでしまったり，自分に都合の悪い歴史解釈は切り捨てたりする傾向のあることが浮き彫りになる。また歴史学者の側には，自らの研究対象に埋没してしまい，広い見知からそれらを捉えることのメリットを軽視してしまう傾向のあることが指摘される。このような両者がはらむ欠陥を解消するための方法論を提供することが，次章以下の目的となるのである。

1　歴史学者による社会科学者批判

歴史社会学の名著

農村社会から近代産業社会へと至るさまざまな国の三つの経路を描いた，B. ムーアの『独裁と民主政治の社会的起源』(1986［原著は1966年］)は，多くの社会学者・政治学者に影響を与え，いまなお読み継がれている名著である。ムーアの成し遂げた研究は，比較歴史分析 (comparative historical analysis) と呼ばれるようになる研究分野の基礎を提供し，現在に至るまでその方法論は，社会学や政治学の学界において一定の隆盛を保っている (Mahoney and Rueschemeyer 2003)。

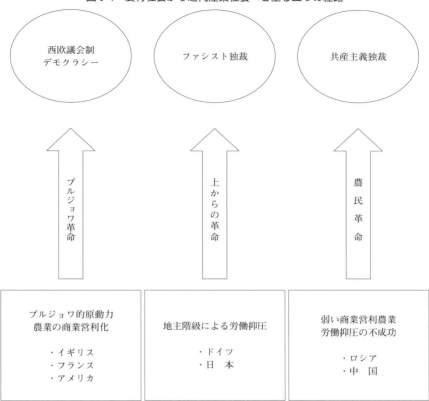

図 0-1　農村社会から近代産業社会へと至る三つの経路

出所：ムーア（1986）

　イギリス・フランス・アメリカ合衆国・日本・中国・インド・ドイツ・ロシアという，8 カ国のたどった過程の歴史的な比較検討を通じて，それらの国々が近代へ移行した三つの経路の諸条件を明らかにすること，これがムーアの研究目的であった。それら 3 経路とは，西欧議会制デモクラシーに至る「ブルジョワ革命」，ファシスト独裁に至る「上からの革命」，そして共産主義独裁に至る「農民革命」である（図 0-1）。西欧議会制デモクラシーを経験したのがイギリス・フランス・アメリカであり，ファシスト独裁に行き着いたのはドイツと日本，最後の共産主義独裁への経路をたどったのは言うまでもなく，ロシアと

中国である（インドはまだいずれの近代革命も経験していない）。

ムーアが三つの経路を分析する際にとくに重要視したのが，地主上層諸階級と農民層の役割であった。すなわち図0–1で示されているように，強力な「ブルジョワ的原動力」が農業の商業営利化を推進すれば，結果として資本主義デモクラシーが形成される。また地主上層階級による「労働抑圧型」農業形態が国家権威のサポートを受けて優位に立てば，強力なブルジョワジーや農民の抵抗が弱まり，産業の発展にもかかわらずファシズムに至る。さらには，一方で「ブルジョワ的原動力」が弱く，他方で「労働抑圧型」農業形態も近代産業主義に適応できずに農民の強力な「革命性」に直面して崩壊した場合，共産主義へとつながっていく。このような「商業営利的農業の挑戦にたいする地主上層諸階級と農民層の反応のありかたが，（三つの——引用者）政治的結果にとって決定的な要因であった」とムーアは強調するのである（ムーア1986, 15）。

以上のように，農村時代から近代化へと至る非常に長い期間と，8カ国という比較的多くの国を分析の対象としながらも，ある程度の一般化・理論化に成功しているB. ムーアの研究は，先に述べたように多くの研究者の称賛を得ることに成功した。しかしそのような比較歴史分析の金字塔的研究ですら，多方面からの批判を免れているわけではなかった。とくに辛辣であったのは，あるいは冷たい視線を投げかけたのは，歴史学者によるそれであった（Roberts 1996, 14）。なぜ社会学者や政治学者——彼らは総じて社会科学者（social scientists）と呼ばれている——から高い評価を与えられてきた研究が，歴史研究者からは冷遇されたのだろうか。

歴史学者による社会科学者批判①

歴史学者が『独裁と民主政治の社会的起源』を評価しない理由のひとつは，ムーアが採用した方法では，歴史の「新たな事実」を明らかにすることができないことによる。ムーアの研究は，いままで蓄積されてきた歴史家の研究業績を「事実」として扱い利用するのみに終始している。換言すれば，もっぱら二次文献に依拠した分析しか行っていないのである（ショート解説0–1を参照）。イギリスやアメリカ，あるいは日本を含む各国の歴史を自ら発掘することを，ムーアは試みようとはしていない。このような研究内容が，歴史的事実を明ら

> **ショート解説 0-1　一次資料と二次文献**
>
> 　一次資料と二次資料（文献）との区別は，学問分野によって若干異なるが，社会科学や歴史学の分野では，一般に次のような差別化がはかられている。一次資料とは原資料とも呼ばれ，分析対象とする組織や個人が残した文書や遺物のことを指す。具体的には，各地の文書館・教会・寺社・蔵などに保存されてあった文書や，行政府内での起案書，国家首脳同士の会議録といった政府内部文書がそれにあたる。それに対して二次資料とは，それら一次資料を使用・編纂してつくられた論文や研究書のことを指す。その意味で，二次資料は二次文献と同意になる。
>
> 　時代が古くなるにつれて，資料が信頼に足るものであるかという問題は重要になってくる。つまりある歴史資料が，果たして作成されたと考えられる時代に本当につくられたものであるか。後世の偽文書ではないか。それを検討することは一般に「資料批判」と呼ばれ，歴史学者にとって不可欠な作業となる（山本 2013, 43, 73）。
>
> 　ちなみに「資料」ではなく，歴史的重要性に照らして「史料」という漢字をあてる歴史学者もいるが（たとえば，色川 1992 [1977], 16），筆者の印象では両者の区別はそれほど厳密なものではない。

かにすることを研究の目的とする歴史研究者から，総じて不評な理由のひとつなのである。

　したがってその方法のみならず，その方法によって引きだされた理論や結論もまた，必然的に批判にさらされることになる。すなわち，(1) ムーアの分析が国内経済要因を重要視し過ぎており，その他の要因（政治や社会構造，国際環境など）を視野に含んでいない点，(2) アメリカ合衆国における民主化の起源を独立戦争ではなく，南北戦争に求めている点，(3) イングランド内戦の事例において，ムーアがもっぱら R. H. トーニーの研究（Tawney 1912, 1941）を参照し，トーニーとは異なった歴史学者の見解——これはひるがえってムーアの理論への手痛い反証となる——を軽視している点などが，批判の対象とされてきた（Wiener 1975; Lustick 1996）。歴史研究者がとくに重視する批判は，その中でも三点目である。

　さらには，イギリスの社会学者である J. H. ゴールドソープもまた，『独裁

と民主政治の社会的起源』の方法に批判的である。ゴールドソープは，ムーアに代表される歴史社会学者たちは，「自ら好きな歴史的証拠を好きなように取捨選択できる」と警鐘を鳴らす（Goldthorpe 1991, 225）。社会科学の一分野である社会学と，歴史学との区別はもはやないとする「近年の傾向」に対して真っ向から異を唱えるゴールドソープは，歴史学者と社会学者の違いを次のように説明する。すなわち，一方で歴史学者の仕事は「史料や遺物から歴史的事実を推論する」ことであり，他方で社会学者は歴史研究者の研究蓄積──つまり，二次文献──に頼ることであると定義する。そして後者の見解は言わば「解釈の解釈，そしておそらくは，そのまた解釈」となってしまうだろう。ゴールドソープはこのように，ムーアが採用した歴史社会学の手法を辛辣に批判したのであった（Goldthorpe 1991, 213, 220-23）。

近代日本政治の理論と歴史

さてもうひとつの例として，われわれ日本人にとって身近であり，かつ意識的に明確な理論的枠組みをもって歴史分析を行った研究を紹介しよう。その研究とは，寡頭政治家から職業政治家へ，そして軍部指導者へと至った近代日本の政治支配体制の変遷を分析した，J. M. ラムザイヤーとF. M. ローゼンブルースの『日本政治と合理的選択』（2006［原著は1995年］）である。ある確立された政治経済学の理論レンズを通じて，戦前期日本の政治支配を論じる際に通説とされてきた三つの仮説に対して反論を加える。そのことがラムザイヤーらの目的であった。三つの通説とは第一に，19世紀終盤に政府の支配的地位にあった寡頭指導者が，無私の精神で国家利益の向上に奉仕していたという主張。第二に，当時日本の官僚と判事が，自律した存在として行動していたとする見解。そして第三に，公共の精神に満ちていた寡頭指導者たちと官僚が，経済成長を効果的に促進する政策を採用した，という説である。

これに対してラムザイヤーとローゼンブルースは，合理的選択論（rational choice theory）やカルテル理論，プリンシパル＝エイジェント（principal-agent）理論などを明示的に使用して次のような反論を行った（図0-2）。

第一に，伊藤博文や山県有朋，大隈重信といった明治期の寡頭指導者は，在職期間の最大化という自己の私的利益の獲得に専心していた。つまり彼らは，

1 歴史学者による社会科学者批判

図 0-2 戦前期日本の政治支配の通説的理解とラムザイヤーらの反論

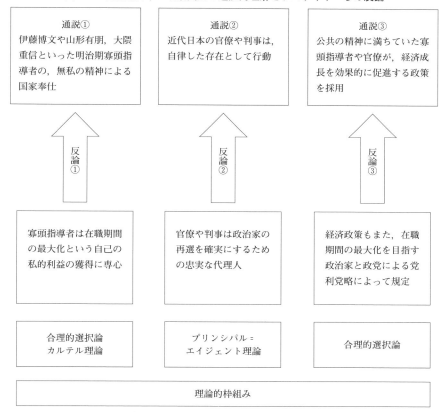

出所：ラムザイヤー＆ローゼンブルース（2006）

つねにほかの仲間より権力的に優越することを求めて争っていた。そのために，政府の支配権を自分たちの集団だけで独占することに関心があったにもかかわらず，人心収攬能力に長けた一部の寡頭指導者は大衆の支持を得るという裏切り行為を続出させた。その結果，寡頭政治のカルテルは崩れがちになり，さらにその裏切り行為を大衆が支持したために，寡頭政治家たちは選挙の実施と民選議会の開設，憲法の制定などを行わざるをえなくなった。最終的に寡頭政治は崩壊し，軍部の台頭を招くことになる。

　第二に，官僚や判事といった代理人（エイジェント）は決して自律した存在

ではなく，本人（プリンシパル）たる政治家の再選を確実にするために，忠実に働いているに過ぎなかった。経営資本主義において独立した存在のように見える経営者が，影響力がないように見える投資家の利益を最大化させるために行動するように，近代日本の官僚もまた，政治家のために行動したのである。ラムザイヤーとローゼンブルースは，このようなプリンシパル＝エイジェント理論から導かれる仮説に基づき，人事データなどを通じて，寡頭政治家や政党と，官僚・判事との結び付きを検証した。その結果，政治家は任命権をてこ／として，官僚と判事を自らの支配下に置いていた，と結論づけている。

　第三に，金融・鉄道・綿業といった経済に関わる政策は，決して通説のように経済成長にとって効率的なものではなかった。それは政友会と民政党（憲政会）との党派対立によって決定されていたものであった。すなわち，政友会は中小銀行の保護や地方の鉄道支線建設に積極的であり，対して民政党は都市部や大銀行から支持を集めており，金解禁や都市の電線の改善などに力を注いでいた。また，綿業における女子夜業の禁止なども，選挙戦略の一環であったことが論じられている。すなわち，近代日本の経済政策は，合理的選択論が示唆するように，在職期間の最大化を目指す政治家と政党による党利党略によって／規定されていた，というのが『日本政治と合理的選択』が下した結論である。

　この研究書は，アメリカ政治学会の比較政治部門優秀図書賞（グレゴリー・ルバート賞）を受賞するなど，政治学界において高い評価を受けることになる。

歴史学者による社会科学者批判②

　しかしながらこのようにアメリカの政治学界で高い評価を受けた著作に対して，日本の政治史研究者からは，厳しい批判が寄せられることになる。その中でおそらく最も有名なものは，近代日本政治史を専門とする伊藤之雄の書評である（伊藤1996）。伊藤の批判の主要点は次の通りである。

　第一に問題とされたのは，ラムザイヤーらが「日本人の研究者が，オリガルキー（寡頭政治――引用者）や政党などを研究する際に，ここ30年来使用することが常識となっている」基本資料すら使用していない事実である。そのために，原文書などをじっくりと読み込めばありうる，独創的な見解を出す「可能性を著しく狭めている」と伊藤は言う。

第二に，ラムザイヤーとローゼンブルースが日本の最新の研究論文を全く読んでいない事実をも伊藤は指摘し，「著者のモデル形成の土台となる事実の理解において，種々の誤りを引き起こす」と厳しく批判する。たとえば著者たちの持つ山県有朋観は，1970年代にR. F. ハケットが書いた「古い」イメージにとらわれているし（Hackett 1971），先行研究が寡頭政治内の対立を軽視していたとするラムザイヤーらの理解も「全くの誤解」であると断言している。また第三の問題点として，著者たちの日本語読解能力にも伊藤は疑問符を差し挟んでいる。

　このような辛口批評を展開したうえでさらに，伊藤が最も問題にするのは，「著者が史料を前後の脈絡の中で理解しようとせず，史料のごく一部分のみを読み，自らの枠組みに都合良く解釈しようとしていること」である。このように『日本政治と合理的選択』の研究手法に批判的な伊藤は当然ながら，そこから引き出されたラムザイヤーらの見解に対してもまた，きわめて批判的である。

両研究に内在する問題点

　さて，上に挙げた二つの研究——『独裁と民主政治の社会的起源』と『日本政治と合理的選択』——と，それらに寄せられた批判に関して，われわれは明らかな共通点をいくつか見出すことができる。

　それらは第一に，彼ら／彼女らの研究目的は，明確な問題意識や仮説から出発し，歴史的な事例を検証することによって，自らの理論を構築したり，あるいはすでに存在する理論を当てはめて，新しい解釈を施したりすることにあったという点である。

　第二に挙げられるのは，その目的のために，主に歴史学者が蓄積してきた業績を二次的に利用したことである。ラムザイヤーとローゼンブルースの研究はいくつかの原資料にあたっているものの，前述の伊藤によれば，その調査は必ずしも網羅的と言えるものではなかった。

　それに関連して第三に，もっぱら二次資料に依拠するというその研究手法が，歴史研究者の批判を招来した事実である。とくに自らの理論に都合のよい研究や資料を断片的に取捨選択し，それを利用したことが厳しい批判にさらされることになった。この第三点目の指摘をとくに，「プロクルーステースの寝台」

> **ショート解説 0-2　「プロクルーステースの寝台」問題**
>
> 　プロクルーステースとは、ギリシャ神話に登場する強盗の名前である。彼はつかまえた人間を鉄製の寝台に寝かせて、相手が長すぎればはみ出た部分を切り、逆に短ければ引き延ばして寝台と同じ長さにしたと伝えられている。ひるがえって、歴史を理論に適合させるように取捨選択したり、最悪の場合は事実をゆがめてしまったりする社会科学者の試みは、しばしば批判的にそう表現される。
>
> 　本書では、この問題には二つのタイプが存在すると考える。ひとつは、社会科学者が既存の歴史研究（二次文献）を参考とする際に生じるもので、自分の理論のためにそれら歴史研究を恣意的に取捨選択して利用する、という行為である。もうひとつのタイプは、研究者——これは社会科学者だけに限らず、歴史研究者も含まれる——が仮説をあらかじめ用意して、それをもって一次資料を調べる際に起きる。すなわち、自分の説にとって都合の悪い資料は無視し、都合の良い資料のみを証拠として挙げる、という問題である。

問題と本書では呼ぶことにしよう（ショート解説 0-2 を参照）。この問題は第 5 章の前半で再び取り上げ、詳しく論じることになる。

　もちろん、このような歴史家と社会科学者との関係は、上記二つの研究とそれらの批判に限られるわけではない。このような例は実に数多く観察されるのである。たとえば近代欧州の国際関係を専門とする歴史学者の P. シュローダーは、歴史家の積み上げてきた事例研究を使って自らの理論を検証するような社会科学者に対して、「すでに漉したティー・バッグを使って新たなお茶を入れる」ようなものであると、かなり辛らつな批判的見解を投げかけている（Schroeder 1997, 71）。自分の足を使って地道に一次資料を掘り起こし、それらを総合して新しい歴史的事実を提供し続けるのが歴史家である。そうであるなら歴史家にとって、自分たちが書いた二次文献に頼って理論を形成する社会科学者は、反感を持ちこそすれ、尊敬すべき論敵としては扱いがたい存在なのであろう。

2 社会科学者の見解

　では逆の立場からは，既存の歴史研究を社会科学者が利用するという問題はどのように映るのだろうか。

　「歴史社会学の観点からすれば，一次資料を掘り起こした純粋な歴史研究を，すべての事例で行うことは自殺行為（disastrous）である。もし優れた歴史家によって蓄積された研究があれば，それらを使うことは理にかなっている」（Skocpol 1984, 382 の要約）。ムーアの弟子であり，アメリカ政治学会会長も務めたことのある T. スコッチポルはそう宣言することによって，師の方法を擁護した。ゴールドソープと同じくイギリスの社会学者である T. H. マーシャルもまた，次の発言に見られるように，スコッチポルと同じ見解をとる。「種々雑多で根拠が疑わしい資料群をふるいにかけ，慎重で専門的な評価の結果を他人に伝えること，それが歴史家の仕事である。そしてもちろん歴史家は，彼らが書いたものを信頼したことに対し，社会学者を非難することはないだろう」（Marshall 1964, 35）。

　つまり，社会科学者は歴史学者ではないのである。それゆえ，両者の手法も異なったものにならざるをえないし，後者による優れた研究を利用することは前者にとって当然の権利なのである。歴史研究を利用する社会科学者は，適切な方法をとる限り，ゴールドソープや伊藤が提起した問題を回避できると述べるものもいる。たとえば政治学者の I. S. ラスティックは，いわゆる「プロクルーステースの寝台」問題に対して以下のように論じる（Lustick 1996）。まず過去それ自体という意味の，唯一の歴史（History）というものが厳然と存在する一方で，その大文字の歴史をめぐって，さまざまなヴァリエーションを持つ歴史的解釈・歴史記述（小文字で複数の歴史：histories あるいは歴史学：historiography）が他方で散在している。その二つの区別を確認したうえで，社会科学者が利用するのは後者，すなわち多様な歴史研究であるとラスティックは述べる。そしてそれら歴史研究の多様性は，統計法則（中心極限定理）に従えば，研究蓄積が多くなればなるほど，正規分布に近づくと想定してもよいだろう（ショート解説 0-3 を参照）。ゴールドソープが提起した取捨選択問題を

ショート解説 0-3　中心極限定理

平均 μ，標準偏差 σ を持つ，Xi という互いに独立な確率変数があるとする（$i=1, 2, 3....n$）。この変数の数（n）を増大させると，それら変数の平均（$1/n \Sigma Xi$）は，平均 μ，標準偏差 $\sigma/\sqrt{n}$ の正規分布に従うことが知られている。これを中心極限定理と呼ぶ。

おそらく上記の定義では理解しがたい読者が多くいると思われるので，直観的に把握できるようにこれを図示してみよう。次の5つの図は，複数のコインを投げたときに表の出る確率を示したものである。表が出た場合は 1，裏の場合は 0 とカウントする。まず1枚しかコインを投げなかった場合，表の出る確率（1）は 0.5，表の出ない確率（0）も 0.5 であることは容易に理解できるだろう（図0-3）。次にコインを2枚に増やした場合，2枚のコインが同時に表（1+1=2）となる確率は 0.5×0.5 で 0.25。反対に，どちらも裏（0+0=0）となる確率もまた 0.5×0.5 で 0.25 となる。さらには，一方が表で他方が裏（1+0=1 と，0+1=1）である確率は，0.5×0.5+0.5×0.5 で 0.5 となる（図0-4）。同様な作業を繰り返し，コインを3枚，4枚と増やしていくにつれて，平均を頂点とする山が形成されていく（図0-5, 0-6）。コインを30枚に増やしたときには，すでに正規分布に近いかたちになっていることがわかる（図0-7）。以上が中心極限定理の直観的説明である。

本文で紹介した I. S. ラスティックによれば，研究蓄積が増えるにしたがって，このような正規分布が形成されることになる（ただしそのような想定に対する筆者の疑問は，本章第3節で後述する）。

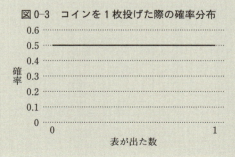

図0-3　コインを1枚投げた際の確率分布

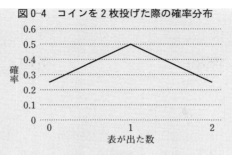

図 0-4　コインを 2 枚投げた際の確率分布

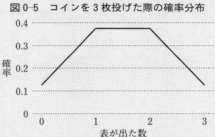

図 0-5　コインを 3 枚投げた際の確率分布

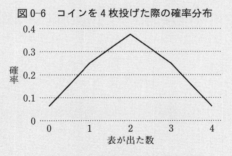

図 0-6　コインを 4 枚投げた際の確率分布

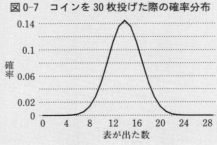

図 0-7　コインを 30 枚投げた際の確率分布

回避するためには，以上のような歴史研究のヴァリエーションをできる限り多く紹介した後に，最も説得的でありまた最も信頼できる，自分の拠って立つ歴史研究を明示することが必要であるとラスティックは提言する。このような方法を採用することによって，理論の切れ味は鈍るかもしれないし，あるいは記述量が顕著に増えるかもしれない。そのような欠点はあるものの，歴史研究の取捨選択問題を回避するには，この方法はひとつの有効策であるとラスティックは言うのである。

狭い歴史学者の視野？

そしてまた，具体的な歴史的細部に拘泥して全体的理解にあまり貢献しようとしない歴史家の学問姿勢を，社会科学者が苦々しく感じていることも理解できなくはない。自分の専門の時代や領域，しかも限りなく狭い研究対象に奥深く入り込み，その分野の専門家でしか理解できないような実証研究に埋没してしまっている歴史研究者は，少なからずいるように思える。そしてそこからつくられた世界像は，狭隘で偏ったものになる恐れがある。

20世紀を代表する歴史学者であるF. ブローデルは，「自分の研究する世紀，『自分の』世紀から抜け出そうとしない歴史家にありがちなように，強盗行為は15世紀のコルシカに，あるいは14世紀のナポリに出現するのだなどと言わないようにしよう」（ブローデル 2004 ［1991］, 第3巻, 147）と，自らと同じ歴史家に対する訓戒を述べている。それは自分たちが陥りがちな過ちだと認めているからこそ，出てくる発言なのだろう。また20世紀前半に活動したイギリスの歴史学者・哲学者であるR. G. コリングウッドは，歴史研究者を含むわれわれすべての人間には「ある歴史的時代の一時的諸状態を人間生活の永遠的諸状態」とみなしがちな傾向があると，警鐘を鳴らしている（コリングウッド 2002 ［1970］, 241）。

両者の警告は一見すると正反対のような印象を受けるが，実は双方ともに，木だけを見て森を見ないときに生じる問題に言及しているのである。つまり前者は，自分の研究対象とする時代にのみ，ある社会現象が現れると主張する研究者を非難するものである。言うまでもなく，当該現象がほかの時代になかったことを証明しない限り，その非難された主張は正当性を持ちえない。また後

者は，ある時代の一時的な状態が普遍性を持つと信じる人間に対して警告するものである。ほかの時代にもつねにそのような状態が存在することを証明できないならば，普遍性を持つという主張は棄却されるだろう。

　仮にある時代，ある地域のみに起こった出来事に焦点を当てた分析や調査を行ったとしよう。その場合，どれほど調査対象を入念に調べ，詳述したとしても，その時代や地域で生じたことが，世界史的に見てユニークであるか，あるいは逆に普遍的なものであるかを判断することは，論理的に不可能である。ほかの時代，あるいはほかの地域と比較して初めて，そのような判断が可能になるのである（この点は，第4章第1節で論じる単一事例分析に対する批判で詳しく論じる）。狭い自分の専門領域の分析に，あまりに没頭すると陥りがちな上記のような歴史研究者の誤りを，ブローデルとコリングウッドという歴史学の大家はおそらく，自戒を込めて述べているのであろう。

　実際のところ，ある分析対象の中に欠けていたことが，その対象の理解にきわめて重要な役割を果たす場合は少なくない。このような例として方法論者からよくひきあいに出されるのが，シャーロック・ホームズの事件のひとつ，「吠えなかった犬」である。

　「銀星号事件」あるいは「白銀号事件」として知られているA. C. ドイルによるこの短編小説は，以下のようなストーリーである（ドイル 2006［原著は1893年］）。ある大きな競馬レースの有力馬であったシルバーブレイス（銀星号／白銀号）が，レース前の夜に連れ去られ，その調教師も死体となって発見される。この事件をホームズは見事に解決するのだが，ホームズが探し当てた犯人は，犯行当日に厩舎をうろついていた怪しい人物ではなく，同じ調教師仲間の一人だったのである。馬が失踪した事件当日の夜は，見知らぬ人間を見るとつねに吠える番犬が全く騒がなかった。この事実はつまり，内部の人間の犯行であった可能性が高いことを示している，そうホームズは考察したのであった。

　以上のようなホームズの推理は，事件前後の状況——番犬がいつも不審者に対して吠えるという事実——を把握していない限り，出てこないものである。つまり事件当日の現場をどれほど忠実に再現し，検証したとしても，その他の日と比較しない限り，ホームズのように真犯人を捜し当てることは困難であった。名探偵ホームズは，木を詳細に見ることもさることながら，うまくその前

後の状況，すなわち森も眺めており，それが犯人逮捕につながったと言うことができるだろう。

　このような「吠えなかった犬」の観点から，前述のラムザイヤーらとムーアによる理論研究をあらためて擁護するならば，以下のようなことが言えるだろう（ラムザイヤー＆ローゼンブルース 2006；ムーア 1986）。近代日本という枠の中に閉じこもって比較の視点を失くしてしまえば，そこからいわゆる「日本特殊論」が出てくる余地はない。なぜならある国が特殊であると言いたければ，ほかの国々とどれだけ異なっているかを示さなければならないからである。そしてこのような「日本特殊論」に異議を唱え，より広く受け入れられている理論のレンズを通じて，近代日本の政治を相対化することが，ラムザイヤーらの試みだったはずである。同様に B. ムーアが成し遂げたのは，近代産業社会へのルートを決定づけた，一般的な諸条件を導き出したことであった。これは 8 カ国という広い視野での比較分析を通じて，はじめて可能になった。たとえばイギリス一国を見ているだけでは，決して明らかにすることはできなかったに違いない。

3　歴史と理論の断絶にはらむ問題

　以上論じたように，個別の事例に焦点を当てて自らの分析事例の特殊性や一般性を強調する歴史研究に対して，社会科学者が違和感を覚えるのは理解できる。そのような主張は，幅広い比較分析を通じてようやく到達できるものなのだから。ただし逆に，歴史を通じて社会現象の理論化を試みる社会科学者が，事実そのものには無頓着，悪ければ歪曲しているという理由で歴史学者の反感を買ったり，冷ややかに観られたりするのも，きわめてありそうなことである。

　つまるところ，歴史学の研究と社会科学のそれとには，ある種の非対称的な関係が存在しているようである。すなわち，歴史学者の研究を社会科学者が利用することはあっても，逆に歴史学者が社会科学者の理論的成果を明示的に参照することはあまりない，という非対称性である。さらには，伊藤のラムザイヤー批判に見られるように，研究手法と研究姿勢に対する根本的な批判は存在するが，歴史学者と社会科学者がお互いを論敵とみなして正面から取り上げ，

3 歴史と理論の断絶にはらむ問題

図 0-8 歴史研究と理論研究との位置関係

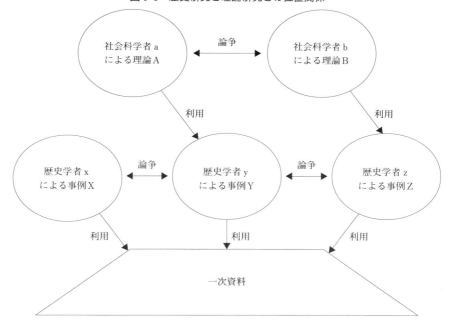

同じ土俵の上で真剣に反証しあうことはまれである。つまり歴史研究と社会科学の理論研究とのあいだには、一種の「棲み分け」が確立しているのである（田中 2009）。図 0-8 に見られるように、一次資料を広範に渉猟して新事実を提出する歴史研究者、それを利用して理論構築を行う社会科学者という構図は、所与のこととされてきた。

もちろん、歴史学者と社会科学者の上記のような関係は、いまに始まったことではない。両者の最も有名な論争としては、19世紀後半のドイツに起こった、経済学という学問のあり方をめぐって行われた「方法論争（Methodenstreit）」がある（ショート解説 0-4 を参照）。

このドイツにおける方法論争が起こってから、すでに一世紀以上の年数が過ぎ去った。しかしながらその歳月は、歴史と理論の緊張関係を解消するに十分な時間ではなかったようである。「政治学者は歴史学者ではないし、またそうなるべきでもない。両分野の間には、埋められない認識論上のまた方法論上の

> **ショート解説 0-4　経済学「方法論争」**
>
> 　経済学「方法論争」が起こったきっかけは，19世紀末，当時ドイツ経済学界の支配的な地位を占めていた歴史学派と，その領袖であったG. フォン・シュモラーに対して，経済学は演繹に基づく抽象的・理論的科学であると主張する経済学者，C. メンガーが突き付けた挑戦状である（メンガー1986）。メンガーが利己的で合理的な経済人を前提とするのが経済学であるとの考えを持つ一方で，歴史学派のシュモラーは，合理的な経済人というものは存在せず，経済活動を営む人間は時代や地域によって異なるものである，という前提を崩さなかった。もちろんどちらが正しいかという解答は存在せず，またそうである限り両者の歩み寄りは不可能であった。
> 　本論争は結局のところ，大家のシュモラーが若いメンガーを相手にしないことによって終了した。

溝が存在する」（エルマン＆エルマン 2003, 32）。1990年代の末，国際関係を専門とする歴史学者と政治学者が一堂に集い，その接点と相違とを探るために生産的な討論が行われたが，その会議の音頭をとったC. エルマンらが出したのは，上記のような結論であった。歴史研究と社会科学研究は，決してひとつになれないように運命づけられているかのようである。

　しかしながら，この棲み分けを当然のものとして，そのまま放置しておいてもよいものだろうか。よくはない，というのが本書の立場である。なぜなら両者を全く別のものとしてしまうと，いくつかの問題点が浮かび上がってくるからである。まず挙げられるのは，歴史研究の側に生じる，先に述べたいわゆる「木を見て森を見ない」という問題である。分析の対象とする歴史現象をほかの時代や地域と比較し，相対化することで，当該対象のユニークさやほかの現象との同質性，あるいはいままで見過ごされていた——吠えなかった犬のような——重要な条件が明らかになる可能性は高い。そうであれば，歴史研究者は自分の研究対象だけに没頭しているわけにはいかないだろう。つまりこの問題を回避するためには，自分の研究対象をほかの対象と比較したり，何らかの仮説や理論的見地を持ってそれら対象に接したりする柔軟性が必要とされるのである。

逆に社会科学研究の側にも,「プロクルーステースの寝台」問題が絶えずつきまとう。たとえば先述したスコッチポルのムーア擁護——優れた歴史研究が存在すれば,社会科学者がそれらを使うことは理にかなっている——に関して述べれば,彼女の言う「優れた」歴史研究を,多くのそれらの中から見つけ出すような客観的,少なくとも間主観的に構成された判定基準はあるのだろうか。仮にそのような判定基準が存在するとすれば,すべての歴史学者はその基準に則して研究すればよいことになるだろう。ただしそのような状況が蔓延すれば結果的にマンネリズムに陥り,学問の自由な発展は阻害されてしまわないだろうか。

また研究のヴァリエーションを示したうえで,最も信頼できる歴史研究を使用するという,ラスティックの示したような取捨選択問題の回避法も,根本的な解決とはなっていないように思われる。まずもって特定のテーマを持つ歴史研究の母集団の数が,中心極限定理からくる正規分布を想定しうるほどの多さに達することはあまり考えられない。同一の研究者が切り口を変えて同じテーマを分析することはよくあることである。また複数の研究者が同じ対象を分析した際にも,互いに正面から批判しあうことは避けて微妙に焦点をずらす場合もしばしば見受けられる。このような事実にかんがみると,複数の研究者がひとつの研究テーマについて正面からぶつかりあうことは少ないだろうし,仮にそのような論争が存在したとしても,その中でのヴァリエーションは,多く見積もってもせいぜい10篇あるかないかといったところだろう。その中で多数派の見解を採用したとしても,それが正しいと主張する理論的根拠はどこにも存在しない。そしてどの歴史研究を選択するかという客観的なベンチマークが存在しない以上,社会科学者に不採用とされた歴史研究は,論敵を使用した理論研究に対して,恣意的な取捨選択を行ったと糾弾する権利をつねに持っている。伊藤のラムザイヤーらへの批判のひとつは,まさに歴史研究の取捨選択問題にあったはずである(「古い」イメージにとらわれているという批判)。慎重な判断をしてヴァリエーションを示せば,「恣意的な選択」の免罪符を得られると考えている社会科学者は,あまりにもナイーブとみなされるかもしれない。

さらには,従来高く評価されてきた歴史研究が,新たな歴史資料の発見や異なった論理などを駆使した新しいそれに取って代わられることは,しばしば観

> **ショート解説 0-5　パラダイム・シフト**
>
> 「パラダイム」は，科学史家 T. クーンによって提示された概念である（Kuhn 2012［1962］）。その定義には多くの意味内容が含まれていたために，これが発表された当時はやや混乱を招いたが，単純化して言えばパラダイムとは，特定の科学者グループが共有している専門知識や所与とされる知的枠組みのことを指す。このような専門知識はいったん確立されると，しばらくは科学者集団の内部では疑われることなく準拠される。しかしその枠組みで説明できない変則事例が蓄積されるにつれて，その存続は困難になっていく。そこで新しいパラダイムが主に外部の研究者から提唱され，古いそれに取って代わることになる。これがクーンの描いた科学史のシナリオであり，その劇的な世代交代を「パラダイム・シフト」と呼ぶ。

察される事実である。つまり歴史研究というものは——歴史研究だけではなく，ほかの学問分野についても当てはまることでもあろうが——，一気にパラダイム・シフトを起こす可能性をつねにはらんでいるのである（ショート解説 0-5 を参照）。その場合，社会科学者は大きな問題にぶつかることになる。図 0-8（19頁）に即して言えば，歴史学者 y と歴史学者 z の業績が歴史学者 x によって反駁されたとすれば，社会科学者 a と社会科学者 b の研究もまた，誤った歴史研究を利用していたという理由で（つまり彼らの責任外のところで），崩されてしまうだろう。社会科学者というものはつまり，つねに脆い砂上の楼閣に立っていることにならないだろうか。歴史的な社会現象の理論化を試みる社会科学者にとって，これは無視できない——ただし等閑視されてきた——大きな問題ではないだろうか。

本書の目的

社会科学と歴史学の溝を取り払うことによって，上記のような乖離問題を解決する。それこそが，本書の目的であり，存在理由である。国際政治学者である R. ジャーヴィスのかなり乱暴な言葉を借りて言い換えれば，「見ればわかる」（ジャーヴィス 2003, 258）とされている両ディシプリンの違いを，「見てもわからない」ものにするための方法を提供することである。

そうすることによって，社会科学の側からは，自らの理論に都合のよい研究や資料を断片的に取捨選択するという行為，すなわち「プロクルーステースの寝台」問題が解決されることになるだろう。また歴史学の観点から言えば，歴史分析をより広い文脈に置き，相対化することによって，ひとつの対象にのみ集中していた際には得られなかった知見を獲得することができるだろう。これは先に述べたブローデルやコリングウッドの警告，いわゆる「木を見て森を見ない」という問題を解決することにもつながるのである。

　ではどのような方法を用いれば両者を統合することができるのだろうか？答えはいたって単純である。図0-8に描かれている歴史学者と社会科学者の役割を，同一の研究で行えばよいのである。おおざっぱに言ってこれには，二通りのやり方が考えられる。ひとつはすでに存在する理論的知見をもって，質の高い歴史分析を行うことである（Trachtenberg 2006）。ラムザイヤーとローゼンブルースの研究は——質の高い歴史研究かどうかは意見が分かれるだろうが——この範疇に入る。本書はこのやり方をとらない。なぜならこのアプローチでは，すでに指摘した「プロクルーステースの寝台」問題が浮上してくるうえに，自分の見解の独創性が多分に損なわれるからである。他分野で発展した理論を自分のディシプリンに適用するならまだしも，自分と同じ専門の研究者による理論をそのまま自分の事例に使うというのは，オリジナリティを重視する研究者にとってあまり褒められた行為ではない（もちろんこれはあくまで筆者の個人的意見であって，このような考えが絶対的に正しいと主張しているわけではないが）。

　したがって本書は，逆のベクトルを採用する。すなわちそれは，一方で歴史的実証分析を行い，他方で自ら築き上げたその実証結果でさらに理論を構築する，というやり方である。ただしそのためには，いくつかの限定された条件と明示的な方法論が必要となる。つまり歴史学と社会科学を統合するという目的を持つ本書がこれから論じようとするのは，歴史分析を理論化するための方法論ということになる。

本書の構成

　次章以降で具体的な方法を論じていくことになるが，その前に簡単に本書の

構成を述べておこう。

　次の第1章では,「法則定立的（nomothetic）」な研究を目指す社会科学研究,一回限りの現象に対して緻密な分析を行う「個性記述的（idiographic）」な歴史研究,と一般に言われてきた区別に焦点を当てる。果たしてこの区別は絶対的なものかどうか,本書の目的に沿って両者を統合することができるならば,どのような理由づけや条件が必要となってくるか,それらを考察する。

　第2章では,「説明」とは何であるのかという問いを論じる。一見あたりまえで取り上げる必要性を感じないこの問題にも,実はなかなか奥深いものが潜んでいる。少なくとも,歴史学者と社会科学者の考える「説明」は,必ずしも一致しない。その異なった見解に折り合いをつけるにはどうすればよいのか。これを考察するのがこの章の目的である。

　第3章では,推論の方法である帰納法と演繹法をそれぞれ取り上げ,歴史的分析から理論構築を行うには,どのようなアプローチが適当かを考える。理論研究は演繹法を,歴史研究は帰納法を使用していると一般的に考えられている。この章では,そのような見解は社会を扱う学問には当てはまらないことを指摘し,本書の目的によりふさわしい推論の方法を提示する。

　続く第4章は,リサーチ・デザイン,すなわち理論を形成するためにどのような事例を分析すればよいのか,という問題を扱っている。この問題はつねに社会科学者を悩ませてきたものであり,いまなお活発に論争が行われているテーマでもある。この章では,近年における論争の成果を吸収したうえで,従来になかった新しい事例選択法を提案している。

　実質的に本論の最後となる第5章では,緻密な事例分析を行う方法と,そこから抽出された要因を類型化して最終的に理論へとつなげていく方法を紹介する。前者は歴史研究が最も強みとするところである。また後者は社会科学における定性的研究の方法論者によって,近年ますます洗練されたものになってきている。両者をうまく取り入れることが,歴史分析を理論化するという本書の目的にとっても重要となる。

　そして終章では,それまで論じてきた方法論をあらためて要約する。その後に,本書を世に送り出す意義を述べるとともに,その限界,そして今後への筆者の期待を表明している。

■第1章

中範囲の理論：
イシュー・時間・空間の限定

はじめに

　全く同じ社会現象は二度と生起しないものであり，そこに規則性など存在しないと考える歴史研究者がいる一方で，社会科学者はその社会現象にある程度の繰り返されるパターンを見出し，その規則性の説明を試みる。このような理解は，序章で論じたような両者の乖離をつくりだす要因のひとつとなっている。ただしこの違いは，それほど明確ではないことを本章で明らかにする。

　さらには，時代や地域に縛られない包括的な社会法則が存在しており，それを発見するのが社会科学者の使命であるという考えにも，本章は疑問を呈する。そのうえで，本書の目的である歴史学と社会科学の統合のためには，歴史的実証分析の質を保ちつつ，特定の時代と空間に限定された範囲の中でのみ通用する理論，「中範囲の理論」の構築を目指すことが必要であると本章は主張する。

1　パターンと個性

理論とは何か？

　序章でも述べたように本書の目的は，歴史分析を行った後に，それを理論へと導くにはどのようにすべきか。その指針，方法論を示すことにある。では理論とは何だろうか。理論とは一般的に，以下のように定義されている。

（理論の定義）
　繰り返して現れる（と考えられる）個々の現象を統一的に，単純化・抽象化されたかたちで説明でき，十分に検証もされている体系的知識

法則性と一過性？

　したがって，歴史とは一過性のものであって，長い期間を同一の枠組みで論じることなど不可能であると信じる歴史研究者にとって，歴史分析から理論構築を行うという本書の課題は，そもそも論理矛盾と映るかもしれない。昨日の自分は今日の自分と違うし，もちろん明日の自分とも異なる。そうであるなら，

人間がつくりだす社会の歴史に類似したパターンなど現れようがなく，社会現象の理論化も無意味である。「法則定立的（nomothetic）」な研究を目指す社会科学者（理論家）と，特殊かつ一回限りの現象に注目してそれについて緻密な分析を行う「個性記述的（idiographic）」な歴史家とのあいだには，この点で大きな断絶が存在する。

　実際のところ，歴史は（理論化を目的とする）社会科学にはなりえない，とする歴史学者は数多くいると思われる。「歴史は何ら体系的な科学ではない。歴史の課題は，かつて現実の世界に起こった出来事を探求することであり記述的に物語ることである」「歴史とは，経験的現実をその無限な多様性において叙述するものなのである」（マイヤー&ウェーバー 1965, 3, 38）と断言する古代ギリシャ史を専門とする歴史学者 E. マイヤーは，その典型例であろう。

　しかしながら実際には，昨日の自分と，今日の自分，そして明日の自分が大きく異なることはほとんどない。仮に人類すべてが一夜にして全く別人格になり，朝起きてその日の家族，隣人や同僚の性格，行動が全く予想できなかったとすれば，社会が混乱に陥るのは目に見えている。私たちが日常生活を何の支障もなく過ごすことができるのは，かなりの程度の類似性と連続性とがそこに存在しているからである。

　さらには，過去に起こったさまざまな現象をひとつの抽象的語彙でまとめ，一般化するという作業も，意識的にせよ無意識にせよ，われわれは頻繁に行っている。たとえば政治学においては，「政権交代」「革命」「戦争」「外交交渉」「同盟の形成」「抑止」など，さまざまな時代や地域にちらばる現象が，抽象化されて使用されている。そして言うまでもなく，たとえばフランス革命とロシア革命は非なるものであるし，第一次世界大戦とベトナム戦争はその原因や内容，終焉に至るプロセスなど全く異なっている。しかしながら政治史を専門とする歴史研究者が，上記の抽象化された語彙を使用せずに研究分析を遂行することは不可能であろう。特殊的・個別的なものを取り扱う歴史と，一般的・普遍的なものを取り扱う科学という二分法は，「一つの誤解に基づくもの」だと断じるイギリスの外交官・国際関係史家 E. H. カーもまた，この点を強調している。カーによれば，歴史を読む人間も歴史研究者と同様，つねに一般化を行っているものであり，歴史家が行った観察を，自分に馴染み深い別の歴史的文

脈に適用してみるものである（カー 1962, 89-93）。

さらに言えば，具体的現象というものは際限なく異なった様相を持っており，それを完全に描写したり，説明したりすることもまた，不可能である（Roberts 1996, 8）。無限の多様性を無限の言葉で表現できるほど，またその表現を理解できるほど，われわれは万能ではないのである。

したがって，人間社会の歴史において，繰り返し現れ一般化できるような，何らかのパターンがあると信じてそれを探求する社会科学者の試みは，非現実的であるとは思われない。個別事象の詳細な分析にのみ関心を示す歴史研究者もまた，ある程度の一般化を行っているからである。

2 「自然主義」と社会科学

ただし上記の考えを大きく敷衍し過ぎてもう一方の極に行き着くと，新たな問題が浮上することになる。すなわち，有史以来現在までのありとあらゆる地域社会を包含するような歴史法則が存在しており，それを発見して説明するのが社会科学者の使命であるという考えである。

仮に以上のような法則の発見と理論構築に成功したならば，われわれ社会の未来に関して，比較的精度の高い予測すら可能となるだろう。このような考えを，D. リトルらに倣って「自然主義（naturalism）」と呼ぼう。自然科学の方法を社会科学にも適用し，社会現象を分析するような立場を彼らはこう呼んだが，そのような方法論の借用以上の意味もここには含まれる。すなわち，ある現象の予測のみならず，当該現象を統一的に説明する包括理論の構築が科学の目的であるというのも，自然主義の立場である（Little 1991, 224; Moses and Knutsen 2012, 48-51）[1]。またこのような自然主義的見解をそのままのかたちでは受け入れないものの，歴史にはわれわれ個々人が抗うことのできない「全体論的な発展法則」があると主張するK. H. マルクスやK. マンハイムといった社会科学者のことを，K. R. ポパーは，「歴史主義（historicism）」と呼び，痛烈な批判を展開した（ポパー 2013［1961］）。

---

[1] ちなみにリトルは，社会科学のみならず，自然科学の分野においてすらも，包括理論が構築されていることはまれであると，「自然主義」がとる立場を否定的に論じている。

このような「自然主義」に陥穽を見出すには，(比較的広い範囲を分析対象とする)国際関係論という学問分野において，時代と空間に限定されない研究がかつて存在しただろうか，と問うてみればよいだろう。F. L. シューマンの古典的大著である『国際政治』は，その記述を宇宙の誕生から始め，紀元前5000年頃にはすでに「国家」と，それらをめぐる「国際関係」が存在していたとする (シューマン 1973, 3-4, 35)。さらには，古代ギリシャにも現代の「国際法」に該当する原則——人格権，帰化外国人の地位，亡命権，外交特権，不可侵権など——が発達していたことを指摘するなど，古代の (都市) 国家関係と現代におけるそれの類似性，連続性をシューマンは強調している (シューマン 1973, 46)。ただしシューマンは，これらの類似性を系統立てて論じ，理論構築を試みているわけではない。古代にも現代に似た国際関係が少しでも存在したことを印象論的に語っているにとどめている。彼の分析の焦点はもっぱら，「西欧的国際政治体系」が誕生した後の時代，とくに第一次大戦以後に集中しているのである。同様に，これもすでに古典となっているアメリカの社会学者 I. ウォーラーステインによる壮大な世界システム論は，本格的な分析を1450年から始めている (時間の限定)。さらには，そもそもヨーロッパ中心的であるにもかかわらず，その地域の中の (たとえばイギリス，フランスとプロイセン，オランダとの) 違いすら統一的に説明できていないと，その出版直後から批判を浴びたのである (空間の限定) (Wallerstein 1974; Gourevitch 1978, 423-27)。

民族誌学が対象とする地域共同体といった，産業化されていない非国家主体や古代ギリシャからもサンプルを集めている，アメリカの国際政治学者 B. ラセットらの (初期の) 民主主義平和 (デモクラティック・ピース) 研究は，おそらく国際関係論における普遍理論を構築しようとした，数少ない例外のひとつと言えるかもしれない (ラセット 1996)。しかしラセットらの研究の問題点は，分析の中心となる概念が歴史的に大きく変遷してきたことを考慮に入れていないことにある。すなわち近代以前，古代ギリシャにおいては，「民主主義」という概念が含意するものは判断力の劣った多数の愚民による政治，いわゆる「衆愚制」のことであり，否定的な意味合いのほうが強かったはずである。そうだとすると，「民主主義」というような概念が，古代ギリシャと現代とで同

じ意味を持っていたと想定すること自体，誤りであると結論せざるをえない。「民主主義」「革命」あるいは「国家」といった概念は，それが使われる時代や使う者の置かれた状況によって変化していく。時代や空間が広がれば広がるほど，その乖離はますます大きくなる。その現実を受け入れずに，比較できないほど異なった意味内容を持った概念を，同音であるという理由で単純にひとつの集合に入れてしまえば，「概念の過剰散開（conceptual stretching）」に陥る危険性が生じるのである（Sartori 1970）。この点 R. コーエンは，ラセットらの研究を批判して，民主主義平和論は決して「一般法則」ではなく，時間・空間・文明——第二次大戦後の欧米国家間——に限定されているものであると述べている（Cohen 1994）。

　以上のような国際関係論における大きなスケールを持つ研究群を概観すると見えてくるのは，この学問が，近代の主権国家体系の成立とともに始まった，という事実であろう。「国家」というものは人間の創造物——おそらく人類の歴史の中で最も重要な創造物のひとつ——であり，それを扱う学問である国際関係論もまた，時間的限定を受けざるをえないのである。

　実はこの時間的限定という問題は，第3章の前半で論じる帰納か演繹かという問題にもつながっていく論点であるのだが，筆者の知る限り，時間的限定という問題は国際関係論だけに限られない。政治学で分析される選挙や立法・行政活動なども国家や民主主義が成立して初めて可能となるものである。また，社会科学の中で最も自然科学に近いと考えられている経済学ですら，そこで中心的に扱われる貨幣や企業などが人類誕生と同時に存在していたとはとうてい考えられない。つまりおよそ社会を扱う学問において，古代から中世，近世を経て現代まで続く普遍法則を打ち立てようとする努力は——そのような努力をしている研究者がいるとすれば——，依然として成功していない。

3　社会科学理論の社会への影響

予言の自己否定性

　時間や場所に限定されない法則主義——「自然主義」——を，社会科学に適用する際に生じるもうひとつの問題点は，その法則なり理論が未来の社会その

ものに影響を与える可能性を考慮に入れていない点にある。その最たるもののひとつに,「予言の自己否定性（self-denying prophecies）」,あるいは「自己破壊的予測（self-defeating predictions）」と呼ばれているものがある。仮に何らかの「社会法則」が発見されたとして,その法則が社会全体に広まって万人が知悉(ちしつ)するようになれば,当該法則が説明する社会行動自体が変化してしまうというパラドックスである。最も知られている例話として,金融の話題がしばしば取り上げられる。最先端の金融工学によって,儲かる確率の高い債券や株式投資のモデルが開発されたとしよう。少数の個人のみがそのモデルを利用しているうちは,問題は起きないだろう。しかしながら世間に広まって大勢がそのモデルに従って投資するようになれば,すべての人間が儲けることは不可能であるので,そのモデルの有効性が失せてしまうのは目に見えている。

　ちなみにこの「予言の自己否定性」の例話に関して,アメリカのヘッジファンドであるロングタームキャピタルマネジメント（LTCM）社の1998年における破綻は,きわめて興味深い実例を提供しているように思われる。LTCM社には,金融経済の専門家であり,ノーベル経済学賞の受賞者でもあるR. C. マートンやM. S. ショールズがアドバイザーとして所属していたからである。つまり多くのヘッジファンドが,マートン＝ショールズ流の金融工学に基づいた方程式を使用したために市場が暴落し,その結果LTCMも破綻したのであれば,それは予言の自己否定性の典型例として社会科学史上に残されることになっただろう。しかしながらLTCM破綻の原因は,上記のような予言の自己否定性で説明できるようなものではなく,ロシアの金融システムが崩壊した直後に債権・証券の強力な売り圧力が生じたことが原因だったようである（LTCM社の成り立ちから破綻までの事情は,ローウェンスタイン（2001）が詳しい）[2]。

　また,ある理論が示す予言に対して強く反応した個人や社会が,その予測そのものを実現させなくしようとする行動をとることも頻繁にある。典型的な例のひとつとして挙げられるのは,マルクス主義の破綻だろう。現代においてマ

---

[2] さらに興味深いのは,LTCM社に所属していた経済学者のR. C. マートンは,「予言の自己否定性」「自己実現性」や「中範囲の理論」の産みの親である社会学者R. K. マートンの,実の息子であるという事実であろう。

ルクス主義がもはやかつてのような重みを有さない理由は，その教義が持つ発展法則が正しくなかったことにあるが，その予言——最終的なプロレタリアート独裁と共産主義社会の実現——に警戒心を抱いた資本家階級によって，その実現が阻まれたのだという指摘は，あながち的外れではないように思える[3]。

予言の自己実現性

そしてまた，上記のような予言の自己否定性の反対軸に，「予言の自己実現性（self-fulfilling prophecies）」があることは容易に想像できよう。従来健全に運営されていた銀行が，倒産するかもしれないという噂が広まるだけで，人々が押しかけ先を争って預金を引き出しにかかることにより，実際に取り付け騒ぎを起こすような現象がこれにあたる（Merton 1968）。

政治学や経済学の分野では，研究者が実際の政治や金融政策に関与する実例は数多く見られるが，その事実は「予言の自己実現性」が成就する可能性もほかの学問より相対的に高いことを示している。たとえば「国際政治は力のある大国だけの政治力学によって決定されるのだ」，という考えをある国際政治学者が信奉していたとする。仮にそのようなリアリズム的な考えを持った国際政治学者が，大国の国務省・外務省あるいは政府の諮問機関の責任者に就いたとするならば，国際政治が彼／彼女の影響を受ける可能性は大いにある。この場合，社会のパターンから理論がつくられるのではなく，むしろ特定の理論を持つ社会科学者が意図的に社会を形成することになりかねない。米中和解を実現し，自らが最良と考える多極的世界をつくりあげた，アメリカ合衆国国家安全保障問題担当大統領補佐官（のちに国務長官）であった H. キッシンジャーは，その顕著な実例だろう。

理論の現象消失性

法則なり理論が，社会そのものに影響を与える可能性として挙げられる第三は，その理論の登場によって，取り扱う現象そのものが消失する場合である。

---

[3] ちなみにマルクス主義と歴史学に関する問題は非常に幅広く，また奥深いものであり，本書で扱える範囲を超えている。そのため本書ではこれ以降，マルクス主義と歴史学の関係にはあえて触れない。

これを本書では,「理論の現象消失性」と呼ぶことにする。この種のものには,問題のある社会現象の原因を突き止めることによって,その現象を再び繰り返さないようにする政策的含意のある研究が指摘できる。マクロ経済学における大恐慌研究の蓄積によって,ほとんどの経済学者は,1920年代のような大恐慌の再来は回避できると考えるようになっている(Mankiw 2007, 323)。これは経済学が社会問題の解消に役立った一例である。

　また,仮想的ではあるがわれわれの身近な「理論の現象消失性」の例として,アメリカの政治学者 R. パットナムが書いた『孤独なボウリング』(2006)を挙げてみよう。1970年代以降,アメリカにおいて社会関係資本(social capital)と呼ばれる市民同士のつながりが年々減少し続け,ボウリングを一人でプレイする人々が増えた事実が象徴的に,この本のタイトルになっている。そのような社会関係資本の減少をもたらした諸原因として,車による通勤時間が増加したこと,テレビの登場が市民参加の低下を促進したことなどを,パットナムは挙げている。この本は堅苦しい専門書であるにもかかわらず売れに売れて,アメリカでベストセラーとなった。仮に『孤独なボウリング』を読んだ何十万人というアメリカ人が,この本で挙げられた要因——長いテレビの視聴時間など——を意識的に回避するようになれば,社会関係資本の減少が抑制され,一人でボウリングをプレイする人々は見られなくなるかもしれない。そうなれば,そもそもパットナムが問題とした社会現象そのものが消失することにつながるだろう。パットナムの著作は後の世代にとってひとつの歴史的エピソードとなり,ほとんど忘れ去られてしまうかもしれない。つまり自分の研究が広まることによって——もちろん,それは研究者にとって名誉なことであるが——,その研究の成果が否定されるという奇妙なパラドックスが生じてしまうのである。

　以上のように社会科学あるいは歴史の研究が,分析対象である社会に影響を与える可能性はつねに存在する。そのために,将来にわたって通用する社会科学理論が打ち立てられることはまずありえない,と断言してよいだろう。経済学では,将来の割引率を織り込んだかたちで,現在の最適消費量や企業の結託の有無などを考量する——いわゆる「前向きの解(forward looking solution)」を求める——ことがある。もちろんこれ自体,非常に有用な分析法ではあるが,同じ効用関数を持った個人や同質の企業が存在するといった,単純化された想

> ショート解説 1-1　前向きの解
>
> 　銀行にお金を預けると金利がつく。たとえば今日 100 万円預けると，明日になれば 5% の利子がついて 105 万円になるとしよう。つまりこの場合，明日の 105 万円は，現在の 100 万円と同価値であると言ってよい。そして明日の 105 万円に 0.95（＝1/1.05）かけることによって，現在の 100 万円と等しい価値になることが，逆算することによってわかる。ここで算出された 0.95 を割引因子（discount factor）と呼び，β という記号で表そう。
>
> 　β が限りなく最大値の 1 に近ければ，現在と将来の価値はほとんどかわらない。金利が 0 で，インフレーションなどを考慮に入れなければ，今日の 100 万円と明日の 100 万円は同価値である。その反対に，β の値が小さければ小さいほど，将来の価値を現在と比べて小さく見積もることになる。金利が 100% であれば，β は 0.5 になり，今日の 100 万円は明日の 50 万円にしか同価値とならない。たとえばマクロ経済学では，この将来における割引因子をモデルに織り込んだかたちで，ある予算制約下で現在における代表的個人の消費を最大にする解を求めたりする。「前向きの解」と呼ばれるゆえんである。
>
> 　ただし本文中で述べたような，自分の研究が与えるインパクトをその研究自体に織り込んで予測するような，きわめて複雑な「前向きの解」は，筆者の知る限り誰一人として求めることに成功していないし，将来的に成功するとも思われない。

定の域を出るものではない（ショート解説 1-1 を参照）。

　自分の研究が生み出した法則なり予測が社会に与えるインパクトを再帰的に織り込んで法則を立てたり，予言を行ったりすることは，依然としてサイエンス・フィクションの領域であろう。たとえば安部公房が 1950 年代末に書いた近未来小説，『第四間氷期』には，未来を予想することができる機械，「モスクワ 1 号，2 号」が登場する。それによると，「予言を知っている場合と知らない場合では，自ずと人間の行動というものは変わってくる。つまり予言を発表することで結果も変わってくるのではないか」というもっともな疑問に対して，以下のような答えが用意されている（安部 1970［1959］, 21）。

　　　最初の予言を知ったうえで行動したという条件で，もう一度予言をくり

かえすわけです。つまり，第二の予言ですな……それがまた公表された場合は，第三次の予言……というふうにやっていきまして，まあ，無限大までもってゆく。これがいわゆる最大値予言でありまして，現実にはこれと第一予言との中間値をとる，というふうにお考えいただければよろしいわけです。

言うまでもなく，このような作業を行うことは現在の科学力では不可能である[4]。

4 中範囲の理論

以上の議論からわれわれは，次の二つの結論を導き出すことができる。ひとつは，社会現象に類似したパターンが認められ，限定的ではあるが時代横断的な比較と一般化は可能である。そのことを歴史研究者は理解するか，少なくともその試みに寛容であるべきだという点である。そしてもうひとつは，時代と空間に限定されない理論などありえない。その現実を，社会科学者は受け入れるべきであるという点である。つまり社会科学と歴史学との違いは根本的なものではなく，記述量と範囲幅の違いに過ぎない。それが本書の主張のひとつである。

歴史分析を理論へとつなげていくための条件のひとつはしたがって，歴史的実証分析の質を保ちつつ，特定の時代と空間に限定された範囲の中でのみ通用する理論を構築する，それを目指すことにある。これを社会学者の R. K. マートンは「中範囲の理論 (theory of middle-range)」と述べ，冷戦史家の J. L. ギャディスは「限定的一般化 (limited generalization)」と呼んだ（Merton 1968; ギャディス 2004, 82-83）。

マートンによれば，「中範囲の理論」とは，観察される社会行動や組織の行

---

[4] ちなみに科学哲学者の K. R. ポパーは，本書で述べたような「予測」が「予測された出来事」に与える影響——彼自身は，これを「エディプス効果」と名づけている——が，社会科学と自然科学を分ける特徴であると考えていたが，その後その考えは捨て去ったようである（理由は不明）（ポパー 2004 [1978], 36）。

動からあまりにも遠く離れた一般理論と，詳細ではあるが全く一般化を行わない個別記述とのあいだに位置している（Merton 1968, 39）。マートンがとくに批判的だったのは，あらゆる現象をひとつの理論で覆いこむものの，実証的な確証がない T. パーソンズや K. H. マルクス流の全システム社会学理論（total sociological system of theory）である。物理学ですら，数世紀という長い時間を経てもなお一般理論を構築するに至っていない。いわんや一般化するに適当な実例がようやく蓄積され始めた社会学が，それを目指すのは時期尚早である。マートンはそう警鐘を鳴らす（Merton 1968, 48）。（マートンの専門である）社会学が目指すべきなのはしたがって，論理的に導き出されてある程度の抽象化が行われていながらも，その説明する範囲が限定されていて，実証的に検証することができる理論（empirically grounded theory），すなわち「中範囲の理論」である（Merton 1968, 68）。そしてこの理論は単一の包括的な理論から論理的・演繹的に導き出されるものではなく，経験的に根拠づけられたものであるとマートンは述べている（Merton 1968, 41, 61）。

　冷戦史を専門とする J. L. ギャディスもまた，同様の結論に達している。「私たち（歴史学者——引用者）は，自分の発見が特定の時と場所を越えて当てはまると主張することは稀である」とギャディスは述べる。それに続けて，すべての事例に当てはまる法則を生み出そうとする社会科学者の姿勢をギャディスは批判し，結論として限定的な一般化を行うことを提唱するのである（ギャディス 2004, 82-83）[5]。

　ただし残念ながら，マートンやギャディスは，「中範囲の理論」をどのように構築するのか，といった具体的な方法には踏み込んでいない。したがってこれ以降は，マートンらのかなりおおざっぱなガイドラインに従って，本書なりの「中範囲の理論」の枠組みを構築する作業になる。一言で述べればそれは，「イシュー」・「時間」・「空間」という三つの限定を課したうえで，理論化を目指すことである。

---

[5] ここでギャディスは，社会科学者の仕事が普遍法則を打ち立てることにあるとして，若干誇張した印象を抱いている観がある。ただし本章ですでに述べたように社会科学者もまた，一般化には時代や地域といった，何らかの条件を付しているのが通常である。

イシューの限定

　イシューの限定というのは文字通り，分析する事例を同種のもの，比較可能なものに絞るということである。第4章第2節で述べるように，A. L. ジョージらは，このことを「焦点化（focused）」された事例と表現しており，G. キングらは「単位同質性（unit homogeneity）」，あるいは「効果一定（constant effect）」がある事例だと定義している（キングほか 2004；ジョージ＆ベネット 2013）。

　比較可能な事例を分析するというのは，社会科学者であれば当然のことであると考えるだろう。なぜなら，企業は従業員を何人雇用するのかという問題と，どのような条件のもとで企業は輸出したり，直接投資を行ったりするのかという問題を，同一の研究で取り上げて一般化しようとすることは明らかに無謀な試みだからである。ただし理論や一般化に興味を示さない歴史研究者にとって，それはあまり自明のものではないかもしれない。たとえばある政治史家は，「ケネディ政権の全体像」というテーマで，現段階で公開されている歴史資料を使用してJ. F. ケネディの施政時代（1961-63年）を描写することを試みるかもしれない。これには当然ながら，国内政治問題や対外安全保障政策があり，経済政策もあり，また社会問題なども含まれるだろう。それら複数の政策イシューを総合的に分析することによって初めて，3年間にわたる全体像というものが明らかになるからである。ただしこのような研究は理論化には適していない。おそらくほかの国やほかの時代における施政の全体像と比較することによって，ケネディ政権の稀有な特質――たとえば，多くの政策領域においてリベラルであった傾向――を抽出できる可能性は残されている。しかしながらそのような比較を行うには，多大な労力を必要とするだろう。また結局のところ，他政権との比較はやはり似たようなイシュー同士で行わなければ意味はない。したがって，中範囲の理論を構築するためには，まずは分析するイシューを限定することが必要となる。

時間の限定

　イシューを限定した後は，時間と空間の限定である。図1-1（38頁）と図1-2（39頁）は，「中範囲の理論」のイメージを視覚化したものである。前者は時

図1-1 時間の限定

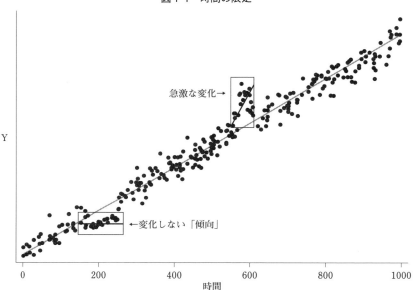

間的限定を，後者は空間的限定を示している。図1-1が表しているのは通常の計量分析における独立変数と従属変数の関係ではなく，ここでは横軸は時間を，縦軸Yはある限定されたイシューの「傾向」を示している。たとえばある社会における平和主義的な傾向が，長期的に時間とともにゆるやかに増大していたとする。図1-1のようにその経年変化を数値化して，イメージとしてすべての事例をプロットすることができれば，最小二乗法によって長い回帰直線を引くことができる（ショート解説1-2を参照）。

ただしこの傾向が1000年単位といったかなりの長さであれば，データ・資料の不足や研究者の時間的／能力的な制約により，1000年にわたるすべての事例をプロットし，全体的な傾向を捉えることは困難であろう。そこである部分を明示的に切りとって，その範囲内で実証分析とその後の理論化を目指すことが現実的である。これが時間的限定である。

図1-1の左側で四角に切り取られた範囲では，時間が経過しても，「傾向」はほとんど変化しない（傾きがゆるやか）。逆に右側ではかなり急激な変化が

4　中範囲の理論

図1-2　空間の限定

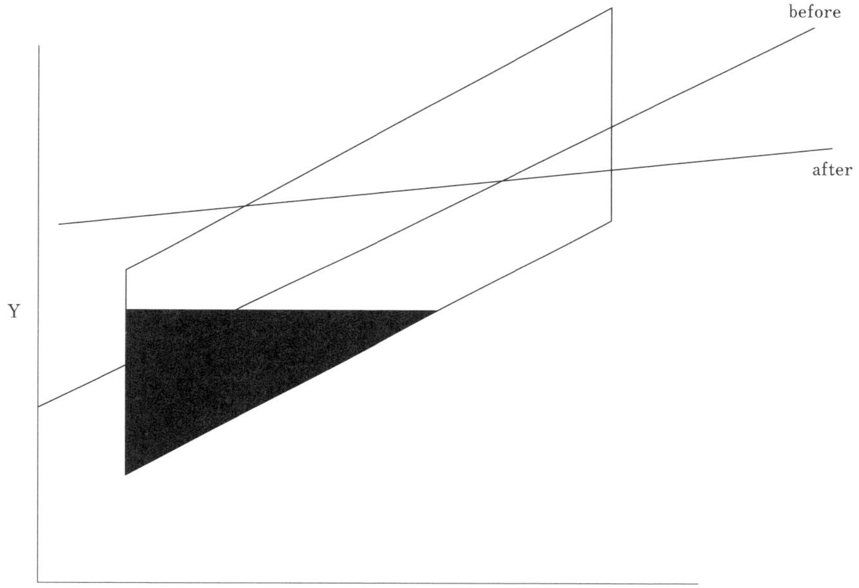

[図: 空間を横軸、Yを縦軸とし、before と after の直線、及び黒く塗られた三角形の領域を示す]

出所：Berk (1983, 389)

観察されている（傾きが急）。もちろん両者は長期的傾向からは乖離しているのだが、この長期的な傾向は実際には捉えることができない以上、両者の一般化は許容される。ただしそれは、「1900年から1920年のあいだは変化がなかった」あるいは「高度成長期には急激な変化が見られた」といった、時間的な限定符を付けた場合だけである。これが時間を限定して、一般化する作業である。

空間の限定

時間の限定と同様のことが、空間の限定を示した図1-2についても言うことができる[6]。この図においては、縦軸Yは図1-1と同様に「傾向」であるが、

6　ちなみに図1-2は、統計分析の標本選択バイアス（sample selection bias）を解説したR. A. ベルクの論考から借用した（Berk 1983, 389）。ベルクの論文自体は、このようなバイアスを補正するトービット・モデルなどの手法を解説したものである。それに対して本章における提言の特徴は、

ショート解説 1-2　最小二乗法

最小二乗法（OLS: Ordinary Least Square）は，計量分析の基礎となる考えである。数値化が可能な原因と結果の関係を想定して，実際のデータを分析することによってそのデータ間に因果の関係があるか否かを検証したいとする。たとえば個人の教育年数はその後の年収に影響するのか，という問題を考えてみよう。個人の教育年数を独立変数（原因）として，これをXと表そう。また，ある年の個人の所得を従属変数（結果）として，Yで表す。教育年数が増えれば増えるほど，将来の所得も上昇するという因果関係は容易に想定されるだろう。

以上の教育年数と個人所得の関係をプロットして，各点を線で結ぶと図1-3のようなものになる。引かれた直線を数式で表現すると，$Y=a+bX$ となる。この式でbは直線の傾き（この場合はプラス）を表し，aは切片（Xが0のときのYの値。この場合はマイナス）である。ただしこの関係が図1-3のように完全に線形になることはまずありえない。個人Aが個人Bよりも1.3倍長く教育を受けたからと言って，ちょうど1.3倍の収入を得ていると考えるのは現実的ではない。たとえば図1-4に見られるように，XとYの個別データ（X_i と Y_i : $i=1, 2, ..., n$）とのあいだには，ある程度の散らばりが存在するはずである。ではそのような散らばったデータを代表する直線は，どのように引けばよいのだろうか。詳しい数学的な理解は統計学や計量経済学の教科書に譲るとして，ここでは直観的に考えてみよう。

まず散らばったデータの真ん中あたりに目星をつけて線を引いてみる（図1-5）。そうすれば，直線と個別データとの距離 u_i が得られる（$i=1, 2, ..., n$）。u_i は誤差項と呼ばれ，その値は，直線より上に位置していればプラスに，下に位置していればマイナスになる。このように正負の符号がついていては若干計算が面倒なため，u_i を二乗する（そうすればすべての符号はプラスになる）。この二乗した個別の u_i をすべて足し合わせて，合計値を算出する。たとえば先ほど真ん中あたりに目星をつけて線を引いた場合，直線と各 u_i との距離（の二乗）の合計が102だったとする。もうひとつ，先ほどの直線とは微妙にずれた線を引いてみて，その直線と各 u_i との距離（の二乗）の合計が101だったとしよう。そうだとすれば，後者のほうが前者よりも，よりデータの中心に直線が引かれていると結論づけることができるだろう。

最終的には，各 u_i との距離（の二乗）の合計が最も小さくなるような直線の

傾き，$\hat{b}$ を算出することが目的となる（文字の上に付いている＾はハットと呼び，推定された値であることを示している）。以上の一連の方法が，最小二乗法と呼ばれるものである。

ただし最小二乗法での推定が成立するためには，いくつかのあまり現実的ではない仮定——誤差項は互いに無相関，誤差項の分布は一定（均一分散），誤差項と独立変数は無相関など——が必要になってくる。社会科学においては，戦争をするかどうか，就職することができるかどうか，投票するかどうか，といった Yes か No の二値が従属変数となる場合が多く，これはひいては誤差項の均一分散性といった仮定を損なってしまう。そのために，そのような諸仮定が保てない際には，最小二乗法とは異なった推定法が使用されることになる。のちに簡単に触れるトービット・モデルなどはその一例である。

図1-3　教育年数（横軸）とその後の年収（縦軸）との関係例1

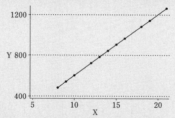

図1-4　教育年数（横軸）とその後の年収（縦軸）との関係例2

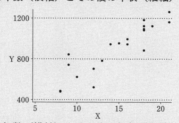

図1-5　教育年数（横軸）とその後の年収（縦軸）との関係例3

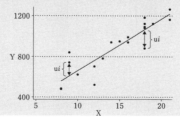

横軸は時間ではなく，空間となっている。ある特定の期間において，あらゆる地域を調査することができた結果，図 1-2 の平行四辺形をした現象の散らばりが生じていたとする（繰り返し述べるが，これはあくまでイメージであって，厳密な数量化は不可能である）。このデータ（事例）をすべて把握していれば，その一般的な傾向を示す回帰直線は，before のようになるだろう。しかしながらあらゆる地域を包含したデータを世界中からかき集め，それを実証的に分析するのは容易ではない。したがってわれわれは，一部欠損したデータで満足せざるをえない。たとえば何らかの理由で，黒色の三角部分が欠けてしまった場合を考えてみよう。そのようなデータ欠損の結果，after のような回帰直線が引けることになる。当然ながらこれはある地域に偏った傾向を示している。しかしながら中範囲の理論構築のためには，このような偏りも地域的な限定として許容されるのである。ちなみに以上のような「イシュー」・「時間」・「空間」という三つの限定を課した範囲内で，どのように事例を選択すればよいかという問題は，第 5 章で詳しく論じる。

　さて本章はその冒頭で，**一般的な**理論の定義を紹介した。それをあらためて述べれば理論とは，「繰り返して現れる（と考えられる）個々の現象を統一的に，単純化・抽象化されたかたちで説明でき，十分に検証もされている体系的知識」のことであった。しかしながらこの定義は，予言の自己否定性，予言の自己実現性，理論の現象消失性という可能性が存在する社会科学という学問分野にとって，いささか理想的に過ぎるのである。まずもって，ある特定の社会現象が永久的に繰り返し現れると想定することは非現実的である。また化学や物理学の実験のように，一連の同じプロセスを経れば必ず同じ結果を得られることがわかっている十分に検証された理論，というものをこの分野に期待することもとうていできない。そこであらためて本書が目指すべきである社会科学における理論――中範囲の理論――をここで定義しておこう。それは以下のように定義される（傍点は一般的な理論の定義との違い）。

そのような偏りは**補正せず**に，むしろ偏りそのものを一般化する点にある。

(中範囲の理論の定義)
　ある時代や地域の範囲内において，繰り返して現れる（と考えられる）個々の現象を統一的に，単純化・抽象化されたかたちで説明でき，ある程度検証もされている体系的知識

中範囲の理論へのひとつのアプローチ

　では中範囲の理論を構築するには，具体的にはどのような限定をすればよいのであろうか？　ここで本書はひとつの提案をしたいと思う。それは，一般化するための地域的な限定をさらに絞って，対象をひとつの組織や集団の行動，一国の政策，あるいは（日米関係など）ひとつの国家間関係に限定することである。地域が近ければある限定されたイシューの「傾向」もまた似てくるという，図1-2（39頁）が示しているような特徴は，実際にはかなり非現実的な想定である。なぜなら地域が近くても，われわれの世界においては物理的／心理的な「国境」がそこに介在し，全く別物の社会をつくりあげている場合が多いからである。国境を接している，つまり地域的に隣接しているにもかかわらず国家によって全く異なった社会を形成している例は，戦後の韓国と北朝鮮を挙げるまでもなく，多く見られる。はなはだしくは，アメリカ合衆国アリゾナ州とメキシコのソノラ州が国境を接しているノガレスのように，フェンスをまたぐだけで全くの別世界が広がっていることもまれではない（アセモグル＆ロビンソン 2013, 1（写真），33-36）。

　またここで言う「国境」というものは，国家に限定されるものではない。たとえば同一ビルに入っているいくつかの企業が，同じような企業文化や社会を共有していると想定するのは明らかに無理がある。したがって，一概に地域的な限定を付したとしても，比較可能なほどの類似性が認められるとは限らない。それに対して，対象地域を一国や一組織，ひとつの国家間関係に限ってしまえば，「ほかの条件を一定（other things being equal）」にするコントロールを──完全とはいかないまでも──ある程度することができる（「ほかの条件を一定」にすることの重要性と困難さは第3章第1節で解説する）。そのようなコントロールを行ったうえで，当該研究対象の行動を分析することができるのである。

上記のような手法を採用している研究として，たとえば日韓国交回復後の日韓米関係の歴史を四つの時代に区切って分析した V. D. チャの研究が挙げられる（チャ 2003）。また，ひとつの国際組織（EU）の歴史的変遷と，重要な政策転換を五つの時代に分けて分析した A. モラヴチックの浩瀚な研究書なども，ここに含まれるだろう（Moravcsik 1998）。いわゆる包括理論の構築を目指した研究に対してモラヴチックは批判的であり，自らの研究目的は実証を伴う「中範囲の理論」を構築することであると彼は明言している（Moravcsik 1998, 17, 19）。

もちろん，ここまで限定を付すことには，異論が寄せられるだろう。たとえば戦争の原因を調べるには，一国の対外政策を時系列に観察していても——国家はそれほど頻繁に戦争をするわけではないので——あまり有用ではない。さまざまな地域で生じた戦争を分析することによって，戦争原因というものは見えてくるはずである。本書が提案する方法は，このような問題を扱うには不適切である。つまり朝鮮戦争とベトナム戦争の比較分析などはできないことになる。さらには，序章で紹介した B. ムーアによる研究のような国家間比較も，その射程範囲から漏れてしまう（ムーア 1986）。このような限定化はやや読者を失望させるかもしれない。ただしそのような限界を認めたうえでも，これから論じることになる本書の方法論は，社会科学と歴史学双方にはらむ問題点を回避することができるという点で，大きなメリットがあると筆者は考える。

おわりに

社会科学者は「法則定立的」な研究を目指し，歴史学者は「個性記述的」な分析を行う。このような広く知られている二分法は，それほど自明なものではないことを本章では論じた。また社会科学においては，時代や地域に限定されない包括理論の構築はほとんど不可能である。理論が社会そのものに影響を与える三つの可能性——「予言の自己否定性」「予言の自己実現性」そして「理論の現象消失性」——を論じることによって，なぜ包括理論の構築が不可能なのかが明らかになった。

以上の論点から導き出されたのは，歴史分析から理論を形成するためには，

おわりに

歴史的実証分析の質を保ちつつ，ある限定された範囲の中でのみ通用する理論，「中範囲の理論」の構築を目指すべきである，ということであった。そこでは，イシュー・時間・空間の限定を付す必要性が論じられた。とくに最後の空間の限定については，ひとつの国家による政策，ひとつの集団・組織の行動，あるいはひとつの国家間関係に焦点を絞ることが——問題点を含みながらも——提言された。

　ちなみに本章で扱った中範囲の理論化という論点は，第3章で考察する帰納と演繹の問題や，第4章の事例選択問題と密接に関わってくる。つまり本章は，それらの問題をうまく解決するための前提条件でもある。そこへ移動する前に次章では少し寄り道をして，そもそも「説明」とは何か，という論点を取り上げる。

■第2章

「説明」とは何か？

はじめに

われわれは，日常的に使用する単語の厳密な定義や意味を述べよと言われたとき，答えに窮したり，あるいは個々人によって見解が異なってしまったりすることがしばしばある。おそらく，「説明」という語もそのひとつではないだろうか。

「説明 (explanation)」とはいったい何だろうか？　本書では，科学における「説明」という概念は三つの意味に使用されているという立場をとる。そして歴史分析から理論を形成するためには，そのうちの二つを同時に満足させることが必要である，と主張する。

1　「説明」に関する三つの見解

科学における「説明」とは，どのようなことを意味するのであろうか。この疑問は簡単そうに見えて，かなり奥が深いものがある。この概念をめぐっては，科学哲学者や社会科学者，あるいは歴史学者が議論を続けてきており，現在において統一的な見解というものは存在しない。本書では，それらさまざまな議論を踏まえて，科学的「説明」という概念は大きく分けて，以下の三つの意味に分類できると考える。

第一に，それは因果関係の解明であるという意味に使われる（因果説）。

第二に，それは理論の統合という意味に使われる（統合説）。

第三に，それはある状態や性質の記述・描写という意味に使用される（記述説）。

歴史分析を理論と結び付けるためには，このうちの第一の因果説と第三の記述説を満足させる必要がある，というのが本章の主張である。すなわちそれは，まず新しい事実を（先行する研究と異なったかたちで）記述的に明らかにした

うえで，当該事実が起こった原因をも解明することである。これによって，歴史学者と社会科学者，双方の「説明」概念を満足させることができる。

以下，三つの「説明」概念を順に解説していこう。

2　因果関係の解明としての「説明」

社会科学者の因果説

「説明」とは第一に，因果関係の解明であるという意味に使われる。古くは社会科学の方法論に関する古典である『論理学体系』において，J. S. ミルは「説明」を因果関係の解明であると述べている（Mill 1882, bookIII, chap. 12）。また次で紹介するように，科学的「説明」概念の意味内容を探求し続けた科学哲学の大家，C. ヘンペルや W. サーモンらも，「科学的説明」を，「なぜ疑問（why question）」に答えること，すなわち，因果関係の解明であるとしている。

ヘンペルの考える「説明」とは，「なぜ惑星は太陽をひとつの焦点とする楕円軌道を動くのか」「なぜヒットラーはロシアと戦争を始めたのか」といった問いに答えることにある。説明される現象は被説明項（explanandum）と呼ばれる。説明項（explanans）である事実や一般的法則を使用して，「なぜ疑問」に対する解答を導き出すことが，科学的説明の目的となるのである（ヘンペル 1973, 2-4）。

先のドイツとロシアの戦争の例では，戦争が起こった事実が被説明項であり，それをもたらしたさまざまな要因——ヒットラーの野望や戦略，当時の国際情勢など——が説明項にあたる。ヘンペルはこのような前提を置いたうえで，演繹的・法則的説明（Deductive-Nomological explanation：D-N 説明）と，帰納的・統計的説明（Inductive-Statistical explanation：I-S 説明）の二種類の方法を論じている（ヘンペル 1973, 第 2 章）（ショート解説 2-1 を参照）。

また W. サーモンは，「因果関係」と，「説明」，そして「理解（understanding）」とを分け，因果関係と説明とは完全には重ならないものの，両者は多くの領域を共有するものであるとする（Salmon 1998）。サーモンは，因果関係を明らかにすること（すなわち「なぜ疑問」に答えるもの）で・は・ないにもかかわらず「説明」と呼ばれる例を二つ挙げる。その二つとは，「意味を説明するこ

> **ショート解説 2-1　D-N 説明と I-S 説明**
>
> 　ヘンペルの論じた D-N 説明とは，複数の経験的な事実と，少なくともひとつの法則とを用いることによって，被説明項を演繹的に導出することである。たとえば熱いお湯でコップを洗っている際，洗剤をつけたままでコップを逆さまにしてお盆に置いたとする。するとそのコップの縁から洗剤の泡が現れ，その泡は大きくなり，しばらくすると収縮していく。このような現象はなぜ生じるのだろうか？　その疑問が被説明項であり，それは以下のように説明される。最初に，コップは周囲の空気よりも高い温度のお湯の中につけられていた，コップはお盆に逆さまに置かれた，などといった経験的な事実が確認される。その事実を踏まえたうえで，気体膨張の法則や，洗剤の泡の弾性的性質といった一般法則によって，被説明項が生じた原因が明らかにされるのである。このような経験的事実の集合と法則の集合をあわせて，ヘンペルは説明項と呼んだ。この二つの集合によって，「なぜ疑問」が説明されるからである。
>
> 　D-N 説明が以上のように法則から演繹的に導き出されるのに対して，I-S 説明は確率的に導き出される。これはたとえば，ある重い疾患を抱えている患者に対して，当該症状に効果的であると考えられている薬剤を投与したことによって，その患者が回復した，という現象を考えてみよう。なぜ彼／彼女は回復したのか，という被説明項に対してわれわれは，その薬を投与したからだ，と説明するだろう。しかしながらその説明は，D-N 説明のような一般法則を使用しているのではない。ある薬剤が必ず効くという法則は存在せず，当該薬剤がその疾患に効果的であるということが確率的にわかっていることが，前提知識として存在するだけである。その前提によって，患者が回復したという結果が帰納的に説明されるのである（演繹法と帰納法に関しては，次章で詳しく解説する）。

と（explanations of meaning）」と，「どのようにするか（how to perform）を解説すること」である。前者に関しては，たとえばある絵画の意味を理解することは，描かれた背景を知ることによって可能である，というかたちで使われる。また後者は，海外で有名な観光スポットを見つけるのはどうすればよいのか，それはガイドブックに説明されているであろう，といったように使用される。日本語の「説明書」——英語では instruction にあたるだろうか——は，明らかに後者の意味であろう。ただしこれらの用法は日常的なものであって，

サーモンによれば，科学的説明には含まれない。科学的説明の大部分は，因果関係の解明であるとサーモンは主張している（Salmon 1998, introduction）。したがって，彼の主著のタイトルが『因果関係と説明（*Causality and Explanation*）』となっているのは理由なしとしない。

　以上のような科学哲学の大家のみならず，北米を中心とする政治学者，とくに「実証主義者（positivist）」とラベル付けされる研究者は，政治現象の因果関係を明らかにすることを所与の前提としている。この点，近年の社会科学方法論を扱った実証主義者による教科書は，圧倒的多数がこの因果説を採用している。たとえば，政治学の定性的方法を論じたS. ヴァン・エヴェラは，説明を「原因と引き起こされた事象を結びつける因果法則や因果仮説であり，どのように因果関係が発生するかを示すもの」と定義しているし（ヴァン・エヴェラ 2009, 9），G. キングらの『社会科学のリサーチ・デザイン』は，記述的推論の重要性を認めながらも，「核心に触れた真の説明とは，常に因果的推論に基づいたものでなければならない。『非因果的説明』などといった文脈でなされる議論は，人々を混乱させる用語法である」と述べている（キングほか 2004, 90 脚注）。さらには，久米郁男の政治学方法論の教科書のタイトルはその名も『原因を推論する』であり，そこで「説明とはある現象をもたらした原因を推論すること」と定義されている。それに対して「記述」は，「因果関係を推論する前提となる」ものとして捉えられている（久米 2013, 47, 61）。

　ちなみにかつての日本の社会科学界では，以上のような「説明」＝「因果関係の解明」という等式は，それほど市民権を獲得していなかったように筆者には思われる。たとえば日本の大学の政治学科を（おそらく1950年代に）卒業した高根正昭は，社会科学の方法論を論じた著書で次のように回顧している（高根 1979, 38-39）。

　　「原因」と「結果」とを論理的に結び付けるという，因果論の文脈で仮説をとらえた議論は，（アメリカへ留学するまで——引用者）一度も聞いたことがなかったように思う。

　そして因果関係の解明を目指すことが「説明」であることを，高根はその書

の中でかなりの頁を割いて解説している。高根がこのように「説明」＝「因果関係の解明」であると強調せざるをえなかったのは，当時（1980年前後）日本の社会科学の学界において，そのような理解があまり浸透していなかったからだろう。

歴史家による因果説

以上のような見解，「説明するということはある現象の原因をつきとめることである」という考えは，何も社会科学者の専売特許ではなく，歴史家にも見出すことができる。有名な例としては，「歴史の父」と言われるヘロドトスの『歴史』がしばしば挙げられる（ヘロドトス1972［原著は紀元前420年から450年頃］）。なぜならば『歴史』の序文は，以下の文章から始まるからである。

　　本書はハリカルナッソス出身のヘロドトスが，人間界の出来事が時の移ろうとともに忘れ去られ，ギリシア人や異邦人(バルバロイ)の果たした偉大な驚嘆すべき事蹟の数々——とりわけて両者がいかなる原因から戦いを交えるに至ったかの事情——も，やがて世の人に知られなくなるのを恐れて，自ら研究調査(ヒストリエー)したところを書き述べたものである（ヘロドトス1972, 9頁）。

いかなる原因から戦いを交えるに至ったかの事情を明らかにすること。これはすなわち，因果関係の解明への探求にほかならない。ヘロドトスはこのひとつの目的のために，何代にもわたって続けられたギリシャとペルシアによる壮大な抗争の経緯を描いたのである。ちなみに，ここで出てきた「研究調査(ヒストリエー)」という単語は，ヒストリーの語源となったギリシャ語「ヒストリエー」の，判明している限り最初の用例である（桜井2006, 20）。ヘロドトスが「歴史の父」と呼ばれるゆえんである。

さらには，L. フェーヴルとともにアナール学派の基礎を築いた中世史家のM. ブロックもまた，因果関係を明らかにする重要性を強調している。その遺稿とも言える『歴史のための弁明』において，「なぜ」あるいは「なぜなら」と考える精神の掟から，（物理学者や生物学者と同様に）歴史家たちが逃れることはできない，とブロックは述べている（ブロック2004［1956, 原著は1949

年］, 167）。E. H. カーもまた,「歴史の研究は原因の研究」（カー 1962, 127）とし, 上記のような「実証主義者」と調和的である。また, ブロックやカーといった数世代前の歴史学者でなくとも, たとえば政治学者から好んで引用される C. ロバーツの『歴史的説明の論理』は, 歴史的因果関係についての包括的な解説書となっている（Roberts 1996）。近現代英国史を専門とする歴史学者ロバーツはそこで, さまざまな原因の重要度を近因／遠因, 日常性／非日常性との違いなどから推定する方法や, 行為者の動機や願望が結果に影響を及ぼすのかどうか, という問題を多面的に論じているのである。

以上のように, 因果説を唱えている人々に通底しているのは, ある社会現象にはそれを生じせしめた原因があることへの同意であり, その因果メカニズムを明らかにすることがわれわれの世界を明らかにすることにつながる, という認識論である。ただし言うまでもなく, ある社会現象に対して, データの欠如やわれわれの能力不足などに起因するさまざまな問題により, それが生じた原因をすべて特定することはとうてい不可能である。その因果メカニズムはあくまで蓋然的で仮説にとどまらざるをえない, という了解もまた存在する。G. キングらの表現を借りれば,「結論は不確実」なのである（キングほか 2004, 8）。

3 統合としての「説明」

「説明」概念の二つ目は, 理論を統合する, という意味において使用される。これを主張しているのは, 科学哲学者の P. キッチャーである。キッチャーによれば「説明」とは, 被説明項を導くための推論パターン（inference pattern）を減らすことである（Kitcher 1976）。たとえば従来はばらばらであったケプラーの惑星運動の法則やガリレオの落体の法則を, ひとつのニュートン力学でまとめることは,「統合という説明（explanation as unification）」である（Kitcher 1981, 519）。さらにニュートン時代の古典物理学が, より包括的な現在の量子物理学に発展したことも, 理論統合の顕著な例であるだろう。

キッチャーは, ヘンペルの D–N 説明の核となる概念を保持しつつも, そのモデルでは説明できない問題を解決するために, このような統合説を唱えた。そしてキッチャー以後の科学哲学界は, 統合説をある程度修正しつつも, 受容

する傾向にある（統合説の展開については，Kitcher 1989; Salmon 1998, chap. 4; Schweder 2005 などを参照）。

　果たしてこのような「説明」の使用法は，社会科学に適応可能だろうか。別の現象とされていたために従来は異なった理論なり枠組みが用いられてきたものが，ひとつの理論に統合された例としては，政治学の分野では R. パットナムの2レベル・ゲームが挙げられるだろう（Putnam 1988）。パットナムは 1988 年の論文において，国際交渉と国内政治という二つのレベルが満足して合意に至る範囲をウィン・セットとして概念化し，モデル化する。そのことによって，従来はばらばらに説明されていた双方のレベルを，ひとつの枠組みで捉えることに成功するのである。その後も2レベル・ゲームの枠組みを使用して国際交渉を分析した研究は後を絶たない事実にかんがみても，これは政治学における「統合としての説明」の顕著な成功例と言えるだろう。

　またマクロ経済学においては，従来相容れることがなかった古典派とケインズ経済学という二つの学派が歩み寄る試みが近年見られるようになったが，これも統合説のひとつの形態だと言える（斎藤 2006）。ミクロ経済学的な基礎付けや経済主体における期待（expectation）の重要性といった，共通の前提を持つことによってそのような歩み寄りは可能になった。さらには，ゲーム理論の流行と重要度の高まりを反映して，ミクロ経済学や国際交渉といった社会科学が扱う現在のテーマのみならず，歴史的制度の形成といった歴史学の重要テーマをも，ゲーム理論で統合し説明しようとする動きが見られる（Bates et. al. 1998; グライフ 2009; ギンタス 2011）。このような学術的努力もまた，統合説の範疇に含まれる。したがって，社会科学においても，キッチャーの主張するような統合説は存在していると言っても構わないだろう。

4　記述としての「説明」

歴史研究者の記述説

　「説明」概念の第三番目は，ある状態や性質を記述・描写する，という意味に使われる。第一の意味の「説明」を使用する社会科学者や，M. ブロックといった旧世代の歴史学者とは対照的に，近年の歴史学においては，因果関係の

解明という認識論は決して万人に受け入れられている前提ではない。むしろそれを否定的に論じる歴史研究者は少なくない（White 1973, 11-13; Vincent 2006, 70-76）。

たとえば，中世イングランド史を専門とするG. R. エルトンは，人々や制度，アイディアなどがある状態から異なった状態へと移行する現象を扱うのが歴史であると定義し，因果関係の解明はそのうちの一部に過ぎないとする。つまり，状態遷移は原因があって引き起こされた結果かもしれないが，偶然に起こったものかもしれず，あるいは単に時間的に連続しているだけの可能性もあるだろう（Elton 2002, 10）。エルトンにとって因果関係を明らかにすることは，このように，歴史研究の目的の一部に過ぎないのである。同様に，アナール学派の第三世代で古代ローマ史家のP. ヴェーヌも，歴史における因果性に批判的である（ヴェーヌ 1982, 170-72, 269-75）。彼は「歴史における因果性などという問題は，先認識論時代の残滓にすぎない」（ヴェーヌ 1982, 170）と断じている。

彼らのような歴史学者には，そもそも実証主義者が持つ上記のような，社会現象にはそれを生じせしめた原因があるという同意がない。それにくわえて，ある社会現象が「何であるか」を描写することも「説明（explaining what）」に含む歴史研究者もいる（Dray 1959）。すなわちたとえば，広く信じられている通説とは異なったかたちで，ある国家の「国民性」やある時期の「時代精神（zeitgeist）」を特徴づけること。いままでほとんど利用されていなかった資料を掘り起こすことによって，新たな事実を明らかにすること（fact finding）。そのような学術的試みなども，因果関係を解明したわけではないにもかかわらず，歴史研究者の一部からは「説明」と見なされるのである。それはつまり，「何であるか疑問（what question）」を解くことを意味する。再びヴェーヌの言葉を借りると，「歴史家は探偵に似ているよりもむしろ新聞記者に似ている……彼は，資料のなかで見たことをしゃべれば，それで任務完了である」（ヴェーヌ 1982, 171）。この発言は，記述することが歴史研究者の仕事であって，それ以上のこと，たとえば原因の解明は必要ではないとヴェーヌが考えていることを意味している。

歴史学の叙述傾向

さて、世界の歴史学界が以上のような記述説に傾斜していくのは、筆者の理解では、1970 年代後半である。これ以降歴史学は、アナール学派の歴史人口学に見られる過度の計量分析重視姿勢や、経済決定論的なマルクス主義史学に代表される「科学的歴史学」から、大きな変遷を経験してきた。つまり社会史や生活史における特定的で個別的なもの、従来少数派として見過ごされてきた人々を「叙述」する方向——いわゆる「ミクロの歴史（microhistory）」——へと舵を切ったのである。その傾向は、筆者の印象では、ますます強まっている（Stone 1979; Hobsbawm 1980; ギンズブルグ 1984; デーヴィス 1985; ル＝ロワ＝ラデュリ 1991[1980]; コルバン 1999; 網野 2000）。この点、思いきって単純化すれば、政治史の「説明」が因果関係の追求という目的に特化しやすい一方で、社会史はそれを放棄し、記述説に重きが置かれがちであると言えるかもしれない[7]。

そしておそらく日本を数少ない例外のひとつとして、世界の歴史学界における政治史という分野は、かつてのような勢いを失ってしまっている（Pedersen 2002, 51; エルマン＆エルマン 2003, 1-2）。つまり上記 M. ブロックや E. H. カーなどが唱えた因果説は、もはや支配的なひとつのパラダイムとは呼べない状況にある。

社会科学者の記述説

社会科学の分野では、「実証主義者」の因果説が主流を占めていることは先述した。このような傾向に反対する立場のひとつが、社会構成主義（social constructivism）である。あらゆる表現の形式は、人間によって形成された共同体の関係から意味を与えられると考えるのが社会構成主義者である（ショート解説 2-2 を参照）。彼らの中には、そもそも「原因と結果」が存在してい

---

[7] もちろん、このような単純な構図は誤解を招きやすい。前述したように原因の解明を歴史学の目的として掲げた M. ブロックは、L. フェーヴルとともに社会一般を含めた新しい歴史学をつくりあげようとした一人であった。彼らは、L. フォン・ランケ流の政治史という狭い殻に閉じこもりがちな歴史学を批判し、社会史を重視するアナール学派という歴史学の一潮流を形成したのである（ただしブロックの代表作『封建社会』(1995)［1973-77, 原著は 1939-40 年］は、アナール学派では例外的に政治史の範疇に入る）。ここではあくまで 1970 年代以降の傾向を、単純化したかたちで述べているに過ぎない。

ショート解説 2-2　社会構成主義

　主観と客観という二元論は，ずいぶんと長いあいだ，哲学者を悩ませてきた問題である。われわれの内的な主観は，どのように外的な客観的世界を捉えることができるのか。このような問いが，その根底にある。目の前に机が存在していることを私は主観的に認識していたとしても，それが客観的に存在していると主張する根拠はない。そうであれば，なぜ机がそこにあると断言できるのだろうか？主観と客観という二元論を維持している限りでは，それは決して解くことのできない論点であった。

　社会構成主義は，以上のような二元論を捨て去ることを提案する。そしてわれわれが持つ世界に関する知識は，われわれの属している共同体の中で社会的に構成されるものと考える（ガーゲン 2004a, 2004b）。つまりたとえば，ある習慣や文化，法律などは，特定の地域内で人々の交流によって歴史的に醸成されてきたものであり，何ら普遍性を持つものではない。それらが正しいのかどうか，あるいは妥当性があるのかどうかも，社会構成主義者は問わない。彼／彼女らによれば，われわれが正しいものと信じて疑わない科学的知識なども，それは客観的な真理ではなく，ある特定の科学者集団によって構成されたものになる。

　さらにはわれわれの五感ですら，社会的に構成されていると主張する論者もいる。たとえばタバコの臭いは現在の日本では嫌悪されがちであるが，1980 年以前はそうではなかったはずである。万人に共通なはずの「痛み」ですら，異なる民族によって，その捉え方や解釈に違いがあることも報告されている（ガーゲン 2004b, 156-57）。したがって，社会構成主義が焦点を当てて分析するのは，いわゆる客観的に把握できると考えられている物質的なもの——経済力や軍事力など——ではなく，共同体によってつくられるアイディアやアイデンティティの構成プロセスとなる。

と自体に異議を唱える論者もいる。原因と結果などというものは自然に存在するものではない。それは社会的に構成されたものであり，私たちが何かを理解するためにつくられた枠組みに過ぎない，というのがその異議の根拠である（ガーゲン 2004b, 137-38, 205）。

　因果説を否定するところまでいかないにしても，多くの社会構成主義者は「説明」概念を因果説としてではなく，記述説として捉えている。たとえば A.

表 2-1 歴史学と社会科学／因果アプローチと構成アプローチの類型

	因果アプローチ （why 疑問）	構成アプローチ （how or what 疑問）
歴史学	（古典的）政治史	（近年の）社会史
社会科学	実証主義	社会構成主義

　ウェントや J. ラギーらに代表される国際関係論における社会構成主義者は，国際社会における規範やアイディアが「構成されるのを明らかにすること」や「物語ること」をも「説明」と呼ぶ（constitutive explanation あるいは narrative explanation）(Jepperson, Wendt and Katzenstein 1996, 66; Wendt 1998; 1999; Ruggie 1998, 94)。

　社会構成主義は 1980 年代末から現在まで，国際関係論の分野において一定の隆盛を保ってきたが，その代表格であるウェントにとって，研究上の問いの中心になるのは「なぜ？」ではなく，「どのように可能になるのか（how-possible?）」あるいは「何であるか（what?）」である。前者は「スターリンは，ソ連の人々に対して過剰なまでの権力を行使したが，これはどのように可能になったのか？」というように使われる。また後者は「ボスニア内戦におけるセルビアの行動は大量虐殺であったのか？」というかたちで使用される（Wendt 1998, 105, 110）。そしてもちろんこの問いかけは，why（なぜ）疑問ではなく，what（何であるか）疑問である。つまりこのような構成主義者の認識論は実証主義的な社会科学者のそれよりも，近年における歴史学のそれに近いのである（表 2-1）。

　ウェントは因果説を否定するつもりではなく，記述説も同様に「説明」に含まれることを望んでいると表明している（Wendt 1998, 111-12）。しかしながら，そのようなウェントらの認識論や期待は，因果説を重視する実証主義者からは認められるに至っていない。たとえば国際政治学者の D. デスラーは，因果説以外に構成主義者が「説明」と呼ぶものは，「構成的な分析（constitutive *analysis*――強調原文）」，あるいは「構成的記述（constitutive description）」と呼ぶのが適当だと述べる。因果説以外に「説明」概念があることを容認しようとはしないのである（Dessler and Owen 2005, 599; Dessler 1999 も参照）。さらには，デスラーらのような実証主義者の認識論を狭隘であると批判する，社会

構成主義者のN. タンネンヴァルトも、ウェントとはやや見解を異にしている。タンネンヴァルトは、構成的な説明とウェントが呼ぶ分析法は、より因果の意味合いが希薄な「解明（explication）」という語を使用するのが適当ではないか、と提案している（Tannenwald 2005, 38）。

つまり記述説をめぐっては、構成主義者と実証主義者とのあいだには、およそ決着がつきそうもない断絶が存在しているのである。

5 解釈・理解としての「説明」？

文化人類学者の解釈学

さて、歴史分析から理論を築き上げるには、以上三つのうちどの「説明」概念が必要となるだろうか。その答えを述べる前に、社会構成主義者のA. ウェントが「説明」と呼ぶもうひとつの概念を紹介しよう（Wendt 1998）。それは、個人や人間集団、国家などの行動を「解釈・理解」するアプローチである。

この「解釈・理解」するアプローチの代表的な研究者としてしばしば挙げられるのが、文化人類学者C. ギアーツである。彼にとっての研究目的は、因果関係を明らかにすることではなく、特定の文化を「解釈」することにある（ギアーツ 1987）。たとえば片目をつむる行為ひとつとっても、それは目配せかもしれないし、ただ片目をつむるのが無意識な癖なのかもしれない。カメラでその瞬間を撮ったならば、あるいはただ「片目をつむる」という事実を描写するだけなら、「目配せ」と「無意識な癖」のあいだには何ら違いはない。しかしながらわれわれはしばしば、その片目をつむるという行為に何らかの意味を求める——すなわち、解釈する。このような日常生活の例と同様に、異国の地で文化人類学者が、自己の常識から判断して不可解な行為なり儀式を観察したとする。その行為の意味を探るには、当該研究者はそれを理解し、その通常性を明らかにする必要があるだろう。これがギアーツの求める文化人類学の学問姿勢、「解釈学（hermeneutics）」なのである。このようなアプローチの社会科学的起源は、M. ウェーバーの「理解（verstehen）」という概念と、彼が提唱した理解社会学にさかのぼることができる（ウェーバー 1998［原著は 1904 年］）。

ポスト実証主義と解釈学

社会科学の視点から，文化人類学のギアーツと同様の解釈学を提唱するのが，ポスト実証主義者の一部にいる。ほかのラベルと同様に，「ポスト実証主義」というのは曖昧なものであるが，ここでは，従来の実証主義を批判して登場した，フェミニズム，批判理論アプローチ，再帰主義（reflectivism）などのアプローチを「ポスト実証主義」と呼ぼう（Smith 2001, 42; Wight 2013）。解釈学を提唱する「ポスト実証主義」の研究例として挙げられるのが，次に紹介する哲学者と国際関係論研究者の共同研究である。

M. ホリスとS. スミスは，外側（outside）からの「説明（explaining）」と，内側（inside）からの「理解（understanding）」を区別する（Hollis and Smith 1990）。前者の「外側からの説明」は自然科学から導入されたものであり，国家の行動の原因を何らかの法則を駆使して明らかにすることが，その研究目的となる。これは言うまでもなく，上述の因果説そのものである。そして後者の「内側からの理解」は，政治的リーダーが何を信じ，どのような望みを持っているかを捉えることによって，彼らのとった行動の意味を探ることを目的としている。たとえば1945年におけるソ連のベルリン占領は，その時点では冷戦の開始という「意味」には受け取られなかった。しかしながらソ連の西側諸国に対する敵愾心が明らかになった後には，当該状況は西側諸国によって脅威と認識されるに至った。つまり「ソ連のベルリン占領」という単一の事実に対して，異なった理解（解釈）がなされたわけである。このような西側諸国の認識の変化は，米ソ対立という文脈を知ることなしにはわかることはできないだろう。そして人間社会を扱う学問であるからこそ，上記のような同じ現象に対して，異なった解釈が受け入れられるのである（自然科学では，たとえば電子などの振る舞いに，このような別々の解釈は許されない）。これが自然科学と社会科学を隔てる大きな点である。以上のように内側からの理解を行うこと，すなわち国家やリーダーの行為や出来事の意味を探ることは，国際関係論研究者の仕事のひとつであるとホリスらは述べている（Hollis and Smith 1990, 70）。

またホリスとスミスは，国際政治を研究する際に生じる分析レベルの問題を，上記の二分法と結び付けて以下のように論じている。説明アプローチは，個々の国家がブラック・ボックスで均一的であるとする国際システムレベルの分析

に適している。他方で解釈学的アプローチは，国家の内部——官僚や個人——に分析の焦点を当てるので，国内レベルの分析にふさわしいとする。そしてホリスとスミスは，この二つ——説明と理解——を統合することは彼らの手に負えない（too much for us）ために，それを目指すことは放棄するのである（Hollis and Smith 1990, 14）。

　以上がポスト実証主義における解釈学の一例であるが，この解釈学に対して，因果関係の解明を重視する社会科学者は批判的である。たとえば科学哲学者のD. リトルは，ウェーバーやギアーツの解釈学には特有の方法論や首尾一貫性があるわけではなく，ある現象を「説明」するにはあまりにも弱い，と批判する（Little 1991, 72-73）。さらにリトルは，ギアーツ流の解釈学はある特定の文化を記述するにとどまり，文化を越えた一般化や普遍化などを目指すものではないとして，それを可能とする合理的選択論や唯物論的な社会科学に軍配を上げるのである（Little 1991, 80-97）。

社会構成主義者の理解説

　以上のように多くの論者は，「解釈・理解」は「説明」とは異なる概念であると考え，その長短を論じてきた（Kratochwil 1989, 23-25 も参照）。これに対して解釈・理解することをも「説明」と呼ぶのが，先に紹介した A. ウェントである（これを本書では「理解説」と呼ぼう）。しかしながらそのような用語法はきわめて例外的であり，依然として市民権を獲得するには至っていない。実証主義者はもとより，ポスト実証主義者からも理解説は認められてはいないのである。

　たとえば先に述べた，外側からの「説明」と内側からの「理解」を区別したM. ホリスとS. スミスのうち後者は，ウェントの見解を次のように批判する。ウェントの考えは，構成理論と因果理論とを同等なものとみなすものではなく，前者を後者に従属させるものであり，われわれの世界をすべて因果説に結び付ける試みである。社会的な世界を分析するには因果だけではなく，解釈・理解もまた同等に重要なのである。その意味でウェントの理解説は，（構成主義者が重視する）アイディアの役割を過小評価することにつながる，とスミスは手厳しい（Smith 2000, 2001）。

本書もまた，理解説は「説明」概念としてはふさわしくない，という立場をとる。人間や社会の行動を解釈・理解することは，それ自体が目的となるものではなく，その行動をとるに至った原因を明らかにすること，換言すれば，因果メカニズムを明らかにするための手段のひとつだと考えるべきである（Davidson 1963 も参照）。つまりたとえば，なぜ通常は略奪を認めないアレクサンドロス大王は，ペルセポリスの王宮を放火したうえで廃墟にしたのか。なぜアメリカ合衆国のトルーマン政権は，マーシャル・プランを打ち上げて欧州復興を助けたのか。日本の自民党政権が環太平洋パートナーシップ協定（Trans-Pacific Partnership Agreement: TPP）交渉参加を決めた理由は何か。──これらの因果的質問に答えるためには，その行動をとった人物や政策決定者の意図を解釈して明らかにしなければならないだろう。つまり因果説と理解説は決して異なった「説明」概念ではない。人間社会における行動について，なぜという問いに答えるためには，しばしば解釈・理解することが要求されるのである。

そしてこのような考え方──解釈・理解を因果関係解明の一手段とする──はそもそも解釈学を提唱した M. ウェーバー自身が，最終的に到達した考えでもあった。ウェーバーは社会学を「社会的行為を，解明しつつ理解し，そうすることにより，当の行為の経過を因果的に説明するひとつの科学」と定式化したのである（ウェーバー 1998, 252-53 の折原浩による解説）。

6 二つの「説明」概念を同時に満足させる

以上，三つの「説明」概念と，解釈学・理解説の内容およびそれらをめぐるさまざまな見解について論じてきた。本書の目的を達成するためには，どのような「説明」概念が求められるだろうか。われわれが求める「説明」とは，上記三つのうち，第二の意味である統合説でないことは明らかであろう。別々の理論をひとつにまとめ，いわゆる理論的な倹約（parsimony）を行うことは，複雑な世界をより少ない理論によって捉えることにもつながり，われわれにとってきわめて有用であることは間違いない[8]。しかしながら統合説は，歴史学

---

[8] ちなみにキングらは，倹約が「世界の本質は単純であるという判断もしくは仮定」のもとで成立するものとして，その原則に批判的である。倹約とは違ったものとして彼らは，できるだけ少ない

と社会科学の統合に向けての「説明」概念としてはふさわしくない。なぜなら すでに前章で，われわれの目指すところは「中範囲の理論」の構築であると述 べ，イシュー・時間・空間の三つの限定を付すことをその条件として掲げた。 その範囲の中で，歴史的実証分析を行いつつも理論を構築することが要求され たのである。それに対して統合説はむしろその説明範囲を広め，あるいは抽象 度をさらに高めるものである。つまり統合論はいわゆる包括理論の構築を目指 しており，本書の目的である「中範囲の理論」のそれとは逆のベクトルを持っ ていると言うことができよう。結論として，統合としての「説明」の重要性は 認めつつも，この意味での「説明」は本書では採用しない。

因果説と記述説の統合

したがって本書が目指すのは，第一（因果説）と第三（記述説）の「説明」 概念の統合である。これは概念を強引にひとつにするというよりは，両者を同 時に満足させつつ，補完的に使用する，ということで両立を目指すことになる。 新事実を記述することと，その事実に関する因果関係を解明することとは，決 して対立する行為ではないからである。

両者を同時に追究した例をわれわれは，いくつかの歴史学の研究に——優れ た歴史学者は因果説と記述説の双方に通じているために——見出すことができ る。ここでは，F. ブローデルの代表作である『地中海』を例にとってみよう （ブローデル 2004［1991，原著は 1949 年］；竹岡 1990, 70）。

ブローデルはまず，地中海世界は 16 世紀を通じて次第に衰退していったと の支配的な考えに対して，以下の歴史的事実を根拠として異議を唱える。16 世紀を通じて隊商ルートは存続していたし，またそのあいだに地中海の人口は 約二倍に増加していた。また，イタリア諸都市の商業は衰退していったとして も，工業がそれに取って代わっていた。その事実を踏まえたうえでブローデル は，地中海の衰退はいつ始まったのかという what 疑問に，1580 年代，とい うかなり明確で限定的な答えを提出する。そしてブローデルは，なぜ衰退が起

説明変数から，できるだけ多くの結果を説明する——てこ比を最大にする——ことを奨励している （キングほか 2004, 23, 35-36）。キングらの理論的倹約に関する単純な理解には問題があると思われ るが，てこ比の説明は統合説と軌を一にするものである。

図 2-1 記述説と因果説の二つのタイプ（新しい原因と新しい結果）

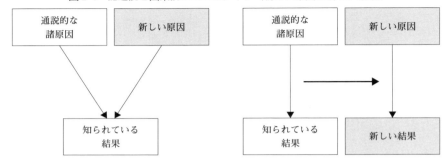

きたのか，という why 疑問には，次のように回答する。すなわち 1580 年代は，飢饉がスペインとイタリアを襲い，オランダの船がジブラルタル海峡を渡って，飢えた地中海へバルト海地域の穀物を運んだ時期である。そしてフェリペ二世がリスボンに居を定めた日——これによって，スペインの中心は地中海から大西洋へと決定的に移動する——が，まさしく 1580 年代だったからである。もちろんこの見解は先行研究と異なった新たな事実の提示であり，記述説を満足させていると同時に，原因を明らかにした説明でもある。このようなブローデルの説明はまさしく，記述説と因果説の双方を使用した例にほかならない。

歴史分析から理論を構築するという本書の目的にとって，説明するとはすなわち，ある分析事例に関する新しい事実を，先行する研究群と異なったかたちで明らかにすること——そうしない限り，社会科学者が歴史研究を使用するという図 0-8（19 頁）で示した構図と大差がないことになり，歴史研究として認められることはまずないだろう——と，当該事例がなぜ起こったのかという因果関係を解明することとなる。ただしこのように記述説と因果説の双方を満足させるような歴史分析には，原因に対するものと，結果に対するものとの二つのタイプが存在することに注意が必要である（図 2-1）。

前者としては，たとえば次のようなタイプの研究が挙げられる。明治期の日本の条約改正交渉は，教科書的な説明によれば，関税自主権の回復と治外法権の撤廃が主要な目的であり，われわれもそのように教えられてきた。しかしながら実は日本政府による条約改正要求は，外国人の違反者を処分することがで

きる「行政権の回復」が当初の目的であった。治外法権回復要求が起こったのは，この行政権の回復交渉が頓挫したことによる，意図せざる「跳躍」だったのである（五百旗頭 2010）。

　このような，新しい原因を明らかにした際に注意すべきは，以下の点である。一般的に，ある社会現象を引き起こす原因は単一ではなく，複数の諸要因が折り重なって初めて結果が現れることがほとんどである。したがって，新しい原因を発見したからと言って，それが従来の説の部分的な修正を求めるものか，あるいは完全に覆すものかは，慎重に判断しなければならない。

　後者の例としては，ブローデルが示したように，ある地域の衰退が始まった時期が通説とは異なっていることを示すことによって，新しい時期を特定することなどが挙げられよう。仮にブローデルが行ったように，結果に対する新たな事実が提示できたなら，当該事実が起こった原因をも新たに明らかにすることで，記述説と因果説の説明条件を同時に満たすことになる。つまり後者のタイプの研究は，二重の意味で新しい事実の発見となるのである。しかしながら通常は，結果について先行する研究と異なった見解を打ち出すことは非常に困難であり，それゆえまれである。1945 年 8 月に第二次世界大戦が終了したという事実，1989 年にベルリンの壁が崩れたという事実，サブプライムローン危機をきっかけにして 2008 年に世界同時不況が起きたという事実などは，その重要性とともに万人が認めているもので，それら諸事実を覆すのはきわめて困難だからである。そのような重大な歴史的事件ではなく，逆にあまりにも細かくて専門家のあいだですら知られていないような新事実の発掘であったならば，記述説は満たすことになるだろう。ただしそこには学術的な分析価値があるかどうかが，まず問われるべきである。つまり「誰も手をつけていない」からという理由で分析する事例を選択することは，「So what?」というほかの研究者からの反応を招く可能性が高い。はなはだしくは，自分以外の誰も当該事例に関心がないおそれもある。つまり結果に関して記述説を満足させ，かつ幅広い層から高い評価を得るような研究は，きわめて少数なのである。

　以上のように結果に関して新しい事実が見出せなかったとき——そしていま述べた理由によりその場合が大半であろうが——は，原因に視点を移すことが求められる。すなわちそれは，ある問題に対して先行する研究と異なった新し

い事実を，当該問題を引き起こした原因として明らかにすることである。これを行うことも決して容易なことではないが，少なくとも結果に対する新しい事実の発見よりは，はるかに成し遂げられるチャンスは高い。これによって，記述的説明が同時に因果的説明ともなり，歴史学者と社会科学者（の中の実証主義者）の二つの「説明」概念を満足させることが可能となるのである。

おわりに

　説明という概念は，研究者のあいだにコンセンサスがあるわけではなく，大きく分けて三つの意味で使用されてきており，その使用法をめぐってさまざまな議論も行われてきた。その三つとは，原因を明らかにする因果説，複数の理論をひとつにまとめる統合説，そしてある状態や性質を描写する記述説である。また，非常にまれな使用法として，解釈学も説明に含まれる考え方（理解説）を紹介したが，この考え方はそれ自体を目的――すなわち「説明」――とはせずに，人間や社会行動の原因を明らかにする一助とすることを本章は提案した。その使用法は解釈学の提唱者である M. ウェーバーが，最終的にたどりついた結論でもある。

　最後に本章は，上記三つの説明概念のうちの二つ――因果説と記述説――を相互補完的に使用することが，歴史分析から理論を構築するために必要であると論じた。これによって，歴史学者と社会科学者が主に使用している，双方の「説明」概念を満足させることができるからである。

　次章では，推論の二大方法と言われている帰納法と演繹法を取り上げる。両者を使用する際に浮上する諸問題をそれぞれ考察したうえで，われわれの目的にとってよりふさわしい推論の方法，アブダクション（abduction）を紹介する。

第 3 章
帰納／演繹，アブダクション

第3章 帰納／演繹，アブダクション

はじめに

さて，私の考えでは，帰納というものは存在しない（Popper 2002 [1959], 18）。

現実の社会現象から観察された経験に基づく研究と，例外のないことを保証する理論研究とは全く別物であり，後者は経験から隔離しなければならない（メンガー 1986 [原著は 1883 年]）。

20 世紀初頭に，反証可能性という科学哲学の重要概念を提唱した K. R. ポパーと，19 世紀末のドイツにおいて，経済学「方法論争」の引き金を引いた C. メンガー。理論は観察データの集積から生まれなければならないとするベーコン流帰納法への懐疑，両者に共通しているのはこの懐疑であった（反証可能性については，79 頁のショート解説 3-4 を，また経済学「方法論争」に関しては，20 頁のショート解説 0-4 を参照のこと）。ひるがえって，前提をアプリオリに立てると一定の結論が論理的に導き出される演繹法によってしか，理論というものはつくられないというのが，彼らの主張である。

他方で歴史研究を見るに，過去についての手掛かりを教えてくれる広範な資料を発掘・渉猟し，それらを組み立てて何らかの知見を提出することが歴史家の仕事であったはずである。すなわち，事実観察の集積によって結論を導き出すという，帰納法的な手法を歴史研究者は採用すると考えられている――しかしながらこのような考えは必ずしも事実を反映していないことは，のちに述べる――。そうであるなら，歴史を演繹的に分析するということは，非現実的ということになるだろう。最終的には，帰納法から理論を形成することはできない以上，歴史から理論を創造することもまた不可能である，という結論が導き出されるかもしれない。

本章では，演繹と帰納をめぐって浮上した諸論点を検討し，歴史から理論をつくりあげるためにはどのような推論の方法を採用するべきかという問いに，ひとつの解答を提出する。すなわち，純粋な帰納，純粋な演繹とは異なった方

法，アメリカの論理学者・科学哲学者であったC. S. パースが「アブダクション（abduction）」と呼んだ方法が，歴史分析を理論化するために最もふさわしいツールであることを，本章で提唱する。

1 帰納法とその問題点

　最初に，帰納法とその問題点を論じよう。帰納法とは，観察から得られた単称言明（singular statements）から普遍言明（universal statements）へ一般化する推論の方法のことである。単称言明とは特定の現象を指し示すものであり，たとえば幼児Sちゃんが2015年2月25日の晴れた朝8時に，たまたまコップを床に落として割ってしまったといった，具体的な個々の出来事を指す。翌日の2月26日は雨が降っており，夕方の4時に同じSちゃんがまたまたコップを落として割ってしまった。その2日後も同様なことが起こった……。これら一連の出来事はすべて，時間や物事が特定された単称言明であるが，その一連の諸事実を通じて，「ガラスのコップを床に落とすと割れてしまう」ということをSちゃんは学ぶだろう。これはどのような天気の日でも，いつ何時でも起こるのだとSちゃんは考えるだろう。このような一般化された主張が，普遍言明と呼ばれるものである。そして個別の事例から普遍的な一般化をする上記のような推論の方法が，帰納法である。ちなみに帰納法はその原型を提供した近世の哲学者であるF. ベーコンにちなんで，しばしばベーコン流帰納法と呼ばれる。

J. S. ミルの五つのカノン
　ベーコンが原型を与えた帰納法という推論の方法を精緻化したものとしては，物理学者のJ. ハーシェルがまとめた規則を編纂し直した，J. S. ミルによる「帰納の五つのカノン」（Mill 1882, bookIII, chap. 8）が広く知られている。それらの五つとは，一致法（method of agreement），差異法（method of difference），一致差異併用法（joint method of agreement and difference），共変法（method of concomitant variation），余剰法（method of residues）のことである（ミル自身はカノンを四つとしているが，実際には，一致差異併用法を含めて五つと

表 3-1 　J. S. ミルによる帰納の五つのカノン

方法	対象	属性	結果	原因	推論の理由
一致法	A B C	v, w, x, y, z α, β, γ, y, σ λ, μ, ω, y, φ	○ ○ ○	y	属性 y のみが共通
差異法	A D	v, w, x, y, z v, w, x, p, z	○ ×	y	属性 y と p のみが異なる
一致差異併用法	A B C D	v, w, x, y, z α, β, γ, y, σ λ, μ, ω, y, φ v, w, x, p, z	○ ○ ○ ×	y	属性 y を持つ対象のみが，結果を保持
共変法	Et_1 Et_2	u, v, w, x, z 2u, v, w, x, z	R 2R	u	属性 u のみが 2 倍
余剰法	Et_1 Et_3	u, v, w, x, z s, 2u, v, w, x, z	R 3R	s + u	属性 u がもたらす影響以上に，結果が増大

出所：Mill（1882, bookIII, chap. 8）
注：t_1, t_2 などの添え字は，時点を表している。つまり t_2 は t_1 の次の時点であり，t_3 は t_2 の次の時点である。

なる：表 3-1）。

　一致法とは，問題となる現象——たとえば，ある複数の国家が軍備を拡大したという結果——が存在する際，その行動をもたらしたと考えられる諸国家の主要な属性をすべて調べあげ，ひとつの属性のみが共通していることが判明したならば，それが軍拡の原因であると推定する方法である。A 国も B 国も C 国も，人口規模や地理的環境，あるいは戦争経験の有無などが全く異なっているのに，共産党一党独裁制である（属性 y）という政治体制のみが共通していたならば，その属性が軍拡を引き起こした原因だと推論するのは理にかなっているだろう。これが一致法である。

　差異法とは，逆にひとつを除いてすべての属性を共有しているにもかかわらず，結果——軍拡をしたかどうか——が異なっているのなら，その唯一の異なる属性を原因とみなす方法である。先の例で言えば，軍拡をしている A 国と逆に軍縮を進めている D 国は，ほとんどの属性（v, w, x, z）においてきわめて似通っていた。それにもかかわらず，前者は共産党一党独裁制（属性 y），後者は民主主義国家（属性 p）という政治体制をとっていたとする。そうであれば，やはり軍拡の原因を政治体制に求めることが，妥当な推論ということに

なる。これが差異法である。

　一致差異併用法とは，文字通り前者二つの方法を合わせたものである。上の例で言うと，軍備を拡大したA・B・C国が共産党一党独裁制という共通の属性 y を持っていた。その情報に加えて，拡大しなかったD国はその属性を持っていなかったとする。その場合，政治体制という属性が軍拡の原因であるという判断はいっそう強められるだろう。

　第四のカノンである共変法とは，ひとつの現象が変化した場合，ほかの現象がそれにつれて一定の様式で変化したならば，それら二つの現象は何らかの因果関係を通じて結び付いていることを示す方法である。ある国家の経済成長が進めば（属性 u），同時に軍拡も進められる（結果 R）ということが判明したとする。そうであれば，両者の関係は国家財政の改善を通じたかたちで，因果があるものと考えられるだろう。ちなみにこの共変法は，定量分析の手法（iii 頁のショート解説 00-1）につながるものである。

　そして最後の余剰法とは，ある現象の原因がすでに別の帰納法により判明しているものの，それだけでは説明できないほかの原因があることを示唆する方法である。仮に前の共変法により，経済成長（属性 u）と軍拡（結果 R）は比例的な関係にあるということが明らかになっているとする。しかしその財政の伸びを超えた軍拡が特定の国家によって行われていれば，それには財政要因とは別の原因も影響していると考える必要があるだろう。それはたとえば，他国との同盟関係の強化（属性 s）の結果かもしれない。このようにさらなる推論を働かせるのが余剰法である。

　以上がミルの五つの方法である。これら帰納法の考え方は依然として有用であり，現代の社会科学者によってもしばしば使用されている（たとえば，Skocpol 1984, 379）。

　しかしながら本章のはじめに言及したように，帰納法は理論形成の方法足りえない，という考えには根強いものがある。なぜ帰納法からは理論は形成できないのだろうか。その疑問には，「帰納的飛躍（inductive-leap）」と「理論負荷性（theory-ladenness）」の二つの観点から説明可能であり，そして社会科学の分野では，「実験の不可能性」というもうひとつの理由が加わる。以下ではまず，「実験の不可能性」という問題を考察したのちに，帰納的飛躍と理論負荷

性の問題を考えてみたい。

実験の不可能性

　帰納の問題としてまず挙げられるのは，すべての条件をコントロール下に置くという，自然科学的な実験手法を実行することは，不可能であるという事実である。

　先に J. S. ミルによる「帰納の五つのカノン」を説明した際に，われわれは軍拡という問題を例として見た。その際，その例はあまりにも現実に即していないという印象を，多くの読者は受けたはずである。まずもって，ひとつが同じでほかはすべて異なっている，あるいはひとつだけが異なっていてほかは全く同じ（軍拡の原因になりそうな）属性を持つ二国など，この世に存在しない。GDP や政治体制が類似した国家は複数あったとしても，官僚組織のあり方や選挙制度，近隣国との関係など，軍備の拡大に影響を与えそうな要因はそれこそ数多くある。そのために，純粋なミルの方法をそのまま適用することはできないのである。そもそもミルのカノンは「実験的探求の方法（method of experimental inquiry）」と名づけられていることからもわかるように，この方法の使用には，物理学や化学のように「ほかの条件を一定」にした実験ができる状況が想定されている。それに対して社会を扱う学問である社会科学においては，同一人物や社会・国家を実験群（experimental group）と統制群（control group）とに分けて，結果を比較するというような純粋な実験を行うことは，不可能である（ショート解説 3-1 を参照）。

　ミルは当然ながら，上記の問題点を認識していた。保護関税政策は国民を豊かにするかどうかという論点を，差異法の適用例として仮想的にミルは考察する。ただしやはり関税だけ除いて，ほかの属性が同じ二国が存在すると考えること自体，「ばかげた（absurd）」ことだとの結論にミルは達している（Mill 1882, bookIV, chap. 7）。

自然実験という試み

　以上のような実験の不可能性という問題を回避するために，社会科学ではさまざまな分析手法が考案されてきた。とくに応用経済学の分野では，実験群と

1 帰納法とその問題点

> **ショート解説 3-1　実験群と統制群**
>
> 　実験群とは独立変数を操作して結果を見る対象であり，統制群とはそれとの比較のために，独立変数の操作を受けない対象のことを指す。
> 　具体例を挙げてみよう。ある中学校の 3 年時に行われる夏期講習を受けた生徒は，その直後に成績が上がるだろうか，という問いを立てたとしよう。換言すれば，夏期講習の効果を検証したい。この場合，実験群は講習を受講した生徒たちであり，統制群はそれ以外の，講習を受けない生徒ということになる。ただし実験群と統制群を単純比較するだけで夏期講習の効果がわかるかと言えば，そう簡単にはいかない。まずもって，夏期講習を受ける生徒と受けない生徒を強制的に分けることは倫理的に困難である。受験前の非常に大切な時期に，夏期講習を受けてはならないと強要されたとすれば，大きな社会問題になるはずである。だからと言って受講を自由選択にしてしまえば，次のような新たな問題が浮上する。夏期講習を受けようとする意欲の高い生徒は，もとより成績が上位である可能性が高い。そうであれば，講習を受ける前からすでに成績の差は開いており，純粋な講習の効果が過剰に見積もられてしまうだろう。
> 　このような問題を避けるためには，同一の学生が実験群と統制群に分かれて，講習の効果を検証することが理想であるのは言うまでもない。しかしながらわれわれは一人の人間を分割することも，タイムマシンで過去にさかのぼることも当然ながらできないので，そのような純粋な実験は不可能となる。そのために数多くのデータを集めたり（複数人の時系列データのことをパネル・データと呼ぶが，そのような大量データが使用されることが好ましい），本文で述べる「自然実験」ができるような環境が求められたりすることになる。

統制群が自然に分かれており，それゆえ分析が可能になるような対象を，地域・時代を問わず探し出す努力が行われている（アングリスト＆ピスケ 2013）。そのような分析は，観察者の作為が入らない意味で「自然実験（natural experiment）」と呼ばれている。

　その一例を，国際経済学の分野で見てみよう。D. M. ベルンホーフェンと J. C. ブラウンの一連の研究は，江戸時代末期に鎖国から開国へと急激に舵を切った日本を対象に，貿易の影響——比較優位説と貿易による利益——を検証した業績である（Bernhofen and Brown 2004, 2005）（ショート解説 3-2 を参照）。

ショート解説 3-2　比較優位説

200年ほど前にイギリスの経済学者 D. リカードによって唱えられた比較優位説は，国家が貿易をすることによって利益を得ることを示した理論である。この理論によれば，国内において価格が相対的に高い商品は，他国と貿易が行われると輸入され，逆に価格が相対的に低い商品は輸出されることになる。

たとえば A 国では自動車が 100 万円で売られており，キャベツひとつは 100 円で買うことができるとする。他方，B 国では自動車が 200 万円で，キャベツは 120 円で売られていたとする。比較優位説によると，キャベツの絶対価格は A 国のほうが B 国よりも安いにもかかわらず，国内相対価格は B 国よりも高いために（100 万円／100 円＜200 万円／120 円），A 国は自動車を B 国に輸出して，キャベツを輸入するほうが利益を得る。逆に B 国はキャベツを売り，相対的に高い自動車を A 国から輸入することが，儲けにつながるだろう。

なぜそうなるのだろうか。商品生産に必要とされる要素は労働力のみと単純化して考えてみよう（リカードの仮定）。その場合，商品の値段は労働コストだけが反映されたものになる。それはすなわち，ある商品の値段が相対的に安いということは，それだけ一単位生産するために必要とされる労働者の人数が少なくて済む，ということを意味する。そうであれば，自国内で相対的に安い商品の生産に特化してすべての労働者を投入すれば，高い商品を同時につくっている場合よりも生産性が上昇するはずである。A 国と B 国の相対価格が異なっている場合，両国ともに相対価格の低い商品生産に集中すれば，その後に自由貿易が行われることによって，両国ともに最大の生産性と利益を得ることになるだろう。結果として，上記の例では A 国は自動車生産に，B 国はキャベツ生産に特化することになる。

鎖国時代の日本を検証するということは，貿易が開始される前の，国内における各商品の相対価格がわかっているという利点を持つ。また，当時の日本の状況は新古典派貿易論のいくつかの仮定——自由な国内市場，国際市場における価格受容者，財政制約のために輸出補助金がなかったなど——を満たしていた（Bernhofen and Brown 2004, 55-56）。ベルンホーフェンらが行った自然実験は，鎖国期（1851 年から 53 年）の自給自足商品価格（autarky price）と，開国後（1868 年から 75 年）の貿易フローデータを使用するものであった。それら

1 帰納法とその問題点

データを検証することによって，果たして理論が予想する通りに相対価格が低かった商品は開国後に輸出され，高かった商品は輸入されたのか，という点を明らかにすることができる。相対的な商品価格は貿易することによって変化してしまう可能性を考えると，自給自足価格がわかっている分析対象の存在は，研究者にとって非常にありがたいものとなっている。

さらには，自由貿易は必ず国家にとって利益になると，理論的には国際経済学者により明らかにされているものの，実際のところはデータに基づいて検証してみないとわからないかもしれない。日本の鎖国と急激な開国という歴史的経験はこの点でも，彼らの「自然実験」にとって絶好の分析対象となっている。

結論的には，日本は鎖国時に相対的に価格が高かった商品を，開国後に多く輸入したことがベルンホーフェンとブラウンによって確かめられ，比較優位説が実証的にも正しいことが確認される（Bernhofen and Brown 2004）。また貿易による利益も，およそ国内総生産の9%ほどに見積もられることが，彼らによって報告されている（Bernhofen and Brown 2005）。

以上のように日本の開国前後という状況は，比較優位説や貿易の利益を検討するに理想的な分析対象であった。しかしながら，それは物理や化学の実験のような，完全なコントロール下に置かれているわけではないことに注意が必要である。なぜなら開国による利益を算出するために，等価変分（EV: Equivalent Variation）を計算するという方法をベルンホーフェンらは採用するが，そのアプローチには大きな問題が含まれているからである。等価変分とは，経済変動によって価格変化が生じた際に，価格が変動した前後における状況（効用水準）が実質的に同じになるように補償される（あるいは取り去られる）金額を指す。日本の開国前後の状況で等価変分を計算するためには，「自給自足価格のもとで自給自足経済を続けた場合の効用水準」と，「自給自足価格のもとで自由貿易をした場合の効用水準」とを比較する必要がある。しかしながら「自給自足価格のもとで自由貿易を行う」ことは，言うまでもなく現実にはありえない。それゆえ計算することは不可能である。ベルンホーフェンらは1850年代初期と1860年代後期の経済成長率などを計算に入れることによって上記の問題を回避しようとしている（Bernhofen and Brown 2005）。ただしもちろんそれは，完全なる解決法になっているわけではない。

つまり日本の鎖国と急激な開国の経験は、貿易の利益を検証するのに貴重な事例となっているものの、自然科学のような完全な実験にはなっていないのである。この事実は、社会科学における「ほかの条件を一定」にすることの限界を示している。

帰納的飛躍：「すべてのスワンは白い」？
　帰納法につきまとう次の問題、帰納的飛躍に移ろう。それは具体的には、以下のようなものである。
　ある国際危機において、政府首脳による命令と矛盾した軍部の行動が観察されたとしよう。その事実からある研究者は、「（軍部のような）官僚組織は、あらかじめ確立された標準作業手続きに従って機械的に行動する」という組織理論を導き出すかもしれない。通常のルーティンワークが支配しがちな平和時ではなく、リーダーの命令が比較的重要な意味を持つ危機下ですら、上記のような行動が見られた。そうであるならば、当該組織理論にとって、これはかなり強力な事例となる（Allison and Zelikow 1999, 7）。このような事例を本書ではハード・ケースと呼ぼう（ショート解説3-3を参照）。その研究者は、自分の発見した事実を驚きと興奮を持って迎えるだろう。ただし同時に、ひとつの事例だけで一般化することは心もとないと感じるかもしれない。結果として彼／彼女は、この理論をさらに多くの事例、たとえば日本の官僚組織などに適用し、追加確認し、その正しさを証明しようとするだろう。それら追加確認がある程度積み重なれば当該研究者は、単称言明を普遍言明へと一般化することができると考えるはずである。
　以上が帰納的推論と呼ばれるものである。この推論の際に問題となるのは、有限数から普遍への飛躍である。つまり彼／彼女によって導き出されたその組織理論は、いまだ分析したこともない事例すら説明できると想定されるわけであるが、このような既知な事例から（無限に広がる）未知な事例への一般化は、どのような原理においても正当化できないのである。これは事例数を増やせば解決するというような単純な問題ではない。仮に欧州に存在するスワンを何万羽・何千万羽と数え上げて、それがすべて白であっても、「すべてのスワンは白い」という普遍言明を宣言することはできない。なぜなら、ほかの大陸で黒

> **ショート解説 3-3 「ハード・ケース」と「イージー・ケース」**
>
> 　本文で述べたような,「官僚組織は標準作業手続きに従って機械的に行動する」という組織理論を自らの仮説として持っていたとする。その仮説を検証するために,どのような分析対象事例を選べばよいだろうか。日常的な官僚の行動を分析事例として選び,当該組織理論の確かさを検討してみても,大きな学術的貢献として認められる可能性は低い。なぜならその事例は,自分の理論で説明できることが前もってわかっているからである。このような事例を本書ではイージー・ケースと呼ぼう。
>
> 　それに対して,キューバ危機下においても組織の論理が観察されることを発見した G. アリソンらの研究は,ハード・ケースを取り上げた例として挙げられる(Allison and Zelikow 1999)。なぜなら常識的に考えれば,キューバ危機のような国際危機下において官僚組織のルーティンがまかり通ることは,ありえそうにないからである。つまり従来の通説的な理解では,自分の仮説が当てはまりそうにもないと一般的に予想される事例が,ハード・ケースと呼ばれるのである。後の第 4 章第 1 節で述べる「最もありえそうな事例(most likely case)」や「最もありえそうにない事例(least likely case)」も,ハード・ケースに含まれる。
>
> 　また筆者はかつて,戦後日本外交史で通説的な理解であった「対米協調」と「対米自主」外交の二分法は,何ら説得性を持つものではないことを論証した論考を発表したことがある(保城 2007)。ここで筆者は,先行研究が「対米協調」/「対米自主」外交論を展開するために根拠とした事例をあえて取り上げ,その主張に反論を試みた。このような事例選択も,ハード・ケース選択の一例である。
>
> 　付言すれば,ハード・ケースで自分の仮説を検証することは難しい。難しいゆえに,それに成功した場合は当該理論の有効性が確認されるとともに,大きな学術的貢献として賞賛される場合が多いのである。

いスワンが発見される可能性は依然として残されているし――実際のところオーストラリアには黒いスワンが存在する――,より深刻には,いまだ産まれていないスワンをも数える必要があるが,これは明らかに現段階では不可能だからである。つまり数式 3-1 で示すように,有限個 y の事例をどれほど多く積み上げてみても,母数 x が無限であれば,答えは限りなくゼロに近づくのである(Chalmers 1999, 52)。

$$\lim_{x \to \infty} \frac{y}{x} \approx 0 \qquad (\text{数式 3-1})$$

ここで出てきた数式の $\lim_{x \to \infty}$ とは，x を無限大に増加させるという意味である。
それゆえ，上記のように新たな事例の追加によって自分の理論が正しいことを確かめているに過ぎない帰納法は，推論の方法として誤りであり，「帰納というようなものは存在しない」とポパーは断じた（Popper 2002[1959]，18）。ポパーの同僚であり，彼から大きな影響を受けた科学哲学者の I. ラカトシュは，ポパーのことを「帰納主義撲滅運動」の急先鋒であったと述べている（ラカトシュ 1986, 318）。そしてこのような帰納的推論と追加確認に対する批判的な態度から，ポパーの有名な「反証可能性」が生まれることになる（ショート解説 3-4 を参照）。

帰納的飛躍を回避する方法は次章で論じることにしよう。次に，帰納法に内在する最後の問題点，理論負荷性を検討しよう。

理論負荷性：ウサギにもアヒルにも

帰納法の三つ目の問題である「理論負荷性」は，たとえば「科学における仮説や理論は，観察された事実から導かれるのではなく，観察された事実を説明するために発明されるのである」とする C. ヘンペルの言葉に象徴されるだろう（ヘンペル 1967, 23。強調原文のまま。ちなみに原書では，「導かれる」は derived，「発明される」は invented という単語が使われている（Hempel 1966, 15））。ラテン語を語源とする「データ」は，元来は「与えられたもの」という意味を持つ。つまり帰納法が示唆する通り，情報がわれわれのもとに舞い込んでくるという，もともとの語意があった。しかし実際のところ，データ解釈というものは決して受動的なものではない。それは，解釈者当人が先に持っている主観的認識によって形成されるものである。理論負荷性とは，われわれはそのような「負荷」から逃れられない，という命題である（クワイン 1992 なども参照）。

またこの理論負荷性というのは，万人が同意するような客観的な観察というものは存在しないことを明らかにするために，哲学者から提示された概念でもある。その代表的な例として，イギリスの哲学者 L. J. ウィトゲンシュタイン

1　帰納法とその問題点　79

> **ショート解説 3–4　反証可能性**
>
> 　子供を溺死させようとして水中に投げ込む男が一方でおり，他方その子供を救おうとして自分の命を犠牲にする男がいるとする。ポパーによれば，その正反対の行動は，個人心理学の創始者である A. アドラーのコンプレックス理論で簡単に解釈できるという（ポパー 1980b）。すなわち最初の男は劣等感情に支配されていたので子供を殺そうとし，第二の男も劣等感情を持っているが，彼の必要とすることはあえて子供を救うことを自ら証明してみせることであり，それゆえ子供を救った，という説明である。
>
> 　ポパーは言う。「わたしには，この理論（A. アドラーのコンプレックス理論——引用者）によって解釈できないような人間行動など考えることができなかった」。つまりアドラーの理論はありとあらゆる人間行動を説明することが可能であり，すべての事例が彼の理論の正しさを確認するために存在しているに過ぎないことになる。それはまさに最強の理論だと言えよう。ポパーがアドラーのコンプレックス理論の科学性に強い懐疑を抱いたのは，このような万能性にあった。そしてこの懐疑心が，「反証可能性」を誕生させたのである。すなわちポパーは，擬似科学と科学との境界線を，「どのような証拠が見つかれば自分の理論が確認されるか」ではなく，「どのような反証が見つかれば自分の理論が棄却されるか」という点に置いたのである。
>
> 　ちなみにポパーは，仮説が証拠によって裏付けられた場合は，験証（corroboration）という一風変わった造語を使う。発見された証拠によって仮説は検証（verification）や確証（confirmation）されたわけではなく，ただ単に生き延びたに過ぎないのだ，というのが彼の主張だからである。

が「アスペクト盲」として示した，同一の絵がアヒルにもウサギにも見える有名な絵がある（ウィトゲンシュタイン 1985, 33; ハンソン 1986, 第 1 章）。おそらくほとんどの人は，実際にそのような絵を見たことがあるだろう（図 3-1）。

　このアスペクト盲が示唆しているのは，絵そのものはひとつであっても，われわれの解釈は多様でありうるし，いったんひとつのかたちで認識してしまえば，ほかの可能性を考慮の外に置きがちになる，という事実である。はなはだしくは，自分が見たいものしか見なくなる可能性もある。このような考え——理論負荷性——を当為として，理論や仮説がなければ分析をしてはならない，

図 3-1　アヒルにもウサギにも…

出所：筆者

と論じる研究者は多い。たとえば計量経済学の教科書には，仮説がなければ分析をしてはならないという警告がしばしば出てくる（Gujarati 2003, 74, footnote 14; 川人 2005, 285 も参照）。方法論的要素が強い政治学の研究においても，帰納法アプローチからは，頑健で息の長い理論は生まれないと主張するものが多い（Achen and Snidal 1989, 145-46, 156; Geddes 2003, 5; キングほか 2004, 55-58）。すなわち，「事実をして自ら語らしめよ」というベーコン流の典型的な帰納法は，そもそも学問の方法足りえない。そのような考えが，彼らの訓戒の根本にあるように思われる。そこから，推論の方法として仮説演繹法（hypothetico-deductive method）が浮上してくることになる（仮説演繹法に関しては，本書が薦める推論の方法である「アブダクション」とともに後述する）。

　以上のような「理論負荷性」問題を，歴史文書の例で考えてみよう。仮に主観を廃した純粋な帰納法があるとすれば，同じ資料を利用している歴史研究者のあいだに意見の不一致が認められることはないはずである。しかしながらそ

のような不一致がしばしば観察される事実は，歴史研究者も何らかの理論や仮説を立てて研究を行っていることを示している。つまり「資料がみずからの意思を持っているわけではない。歴史家がそこに生命を吹き込むのである」（アーノルド 2003, 108-109）。

そして興味深いことに，理論負荷性が存在するという指摘は，実は多くの有名な歴史学者の思想と共鳴する。「すべての真の歴史は現代の歴史である」と述べたイタリアの歴史哲学者 B. クローチェ（クロォチェ 1952, 17）。あるいは「思考の歴史は，従って，すべての歴史は，過去の思考を歴史家自身の心中で追体験することである」と述べたイギリスの歴史思想家 R. G. コリングウッド（コリングウッド 2002［1970］，231）。彼らはともに，歴史分析における理論負荷性が避けられないことを示唆している。アナール学派の創始者の一人であるL. フェーヴルもまた，「事実は決して与えられているものではなく，通常，歴史家によって創造されるもの，いいかえれば仮説と推論の助けを借り，細心の注意を要するそして興味津々たる作業を通じて作り上げられるものなのです」（フェーヴル 1995 ［1977］, 17）と語っている。ちなみに「事実」にあたる単語は英語では「fact」であるが，これは「造る」あるいは「為す」という意味を持つ「facere」がラテン語源となっている（村上 1979, 166）。つまり「fact」とは客観的に与えられたものではなく，われわれがつくりだした産物だということを，本来の語意は示しているのである。

ただしこのような考えを突き詰めていくと，歴史文書そのものと，それを利用した歴史研究とのあいだには境界がなくなってしまい，「歴史家を研究することは過去を研究することと同意である」というポスト・モダニストの立場に傾いてしまう（White 1973, 6-7; Jenkins 1991, 47-48）。つまり理論負荷性がすべてを決定するのだという強い命題は，資料価値そのものを否定することになりかねないのである。もちろん本書は，ポスト・モダニストの立場が誤っていると主張するものではないが，実証を重視する歴史研究者にとって，ポスト・モダンの手法は受け入れがたいものであるのも確かである（Evans 2000; ペルツ 2003）。

その点，第 1 章と第 2 章で述べたように，実証に基づいた「中範囲の理論」構築を行うという前提と，「記述説明」と「因果説明」をともに分析目的に含

めなければならないという必要性にかんがみると，このポスト・モダンの方法論は歴史と理論の統合にはふさわしくないと考えられる。つまり，「歴史とは歴史家と事実との間の相互作用の不断の過程であり，現在と過去との間の尽きることを知らぬ対話」（カー 1962, 40）である。E. H. カーのこのあまりにも有名なアフォリズムは，この点でうまくバランスを保った——対話である限り，仮説・理論と資料・経験とのあいだの双方向的な影響がつねに意識される——ものだと言えよう。

理論負荷性を問い直す

以上，理論負荷性という問題を論じたが，これは次の諸理由により，それほど深刻なものではないと本書では考えている。

その理由とは第一に，より現実的には，アヒルにもウサギにも見えるような絵など，そうそう多くあるわけではない事実が挙げられる。政府文書のような歴史資料においても，多様な解釈の余地がほとんどないような「基本情報（basic information）」（Topolski 1999, 200–201）は，至るところにちらばっている。

第二に，だまし絵などを持ってきて「理論負荷性」の存在を示し，そのために帰納法を問題視することは，少数事例によって普遍命題を反証する試みであり，実はそれ自体が帰納法的なやり方であるという自家撞着を犯してしまっている。つまりこのような反証方法は，科学哲学者の I. ラカトシュが軽視する「素朴な反証主義」（ラカトシュ 1986, 16）にほかならないのである。

そして第三に，文書館で資料収集をしたことのある歴史研究者であればしばしば経験することであろうが，偶然見つけた一枚の資料によって，自らの歴史解釈を大幅に変更させられることは，頻繁にありうるのである。歴史学者は通常，読者に対して発見のプロセスを示すことはあまりないが，まれにそれを自分の著作に記す人もいる。アメリカの著名な冷戦史家である J. L. ギャディスは，主著『ロング・ピース』の中でそのような打ち明け話を例外的に行っている。J. F. ダレス米国務長官に対する自らの印象が，一枚の外交文書によって一変したと，本文中においてギャディスは言う。1950 年代のアメリカ合衆国の外交は，日増しに高まるソ連と中国のあいだの緊張を手をこまねいて傍観していただけだと，ギャディスはかねてより批判していた。そのような中，ダレ

スが中ソ間の緊張を認識しており，さらにそれを利用するための戦略を，D. D. アイゼンハワー大統領や W. チャーチル英国首相に主張している文書を，偶然にもこの冷戦史家は発見した。ギャディスは次のように告白するのである（ギャディス 2002, 261–63）。

> ダレス自身の戦略，そしてかれが所属していた政権の戦略は，著者および他のほとんどの歴史家が思っていたよりも，さらに洗練されていたとしか結論を下すことができない。……一つの文書のおかげで，歴史家はかなり多くを語れるようになる。

この例のような，たったひとつの文書というドラマ的なものでなくとも，新たな資料が発見されたり，公開されたりした結果，いままで支配的であった学説が覆されることは，しばしば観察される事実である。同じくアイゼンハワー政権に関する外交史研究の例を挙げると，1980 年代に政権時の外交文書が解禁になったことで，当大統領に対する評価が大きく変わった事実がある。当時はダレス国務長官に任せきりだったと考えられていた米国外交政策において，大統領が果たした役割の再評価——アイゼンハワー修正主義——が（やや過剰気味に）盛り上がったのである（McMahon 1986）。

つまり複数の論者が正しく指摘するように，「理論負荷性は理論決定性（theory-determined）という意味ではない」(Ray and Russett 1996, 447; Bennett 2005, 35)。最初にウサギとしか見えなかった絵が誰かに指摘されるかしてアヒルにも見えた場合，その絵はアヒルだと主張を変えても何ら問題はない。つまりわれわれは最初に立てた仮説なり理論を，最後まで引きずる必要はないのである。その理論では説明できない新たな事実や証拠が発見されれば，当該理論はいつでも捨て去って新しい理論をつくればよい。データは「与えられたもの」というそもそもの語意も，それなりの真理を表現しているのである。

さらには，序章で触れ，第 5 章第 1 節で論じるように，歴史的資料をもっぱら仮説検証のためだけに使用するなら，その選択は恣意的なものにならざるをえないし，歪んだ資料理解に陥る危険性——序章で述べた「プロクルーステースの寝台」問題が現れるおそれ——もある（Elton 2002, 32–35）。つまり理論負

荷性という問題は、帰納法を却下しうるほどの重大性を持っているとは言いがたい、というのが本書の立場である。

以上本節では、帰納法とそれに付随する三つの問題点「実験の不可能性」「帰納的飛躍」「理論負荷性」を論じた。最後の「理論負荷性」については、一般に考えられているほど問題は深刻ではなく、帰納法の欠点として挙げるには論拠が弱いことを示した。ただしほかの二つ——「実験の不可能性」と「帰納的飛躍」という問題——は、帰納法を推論の方法として使用するにはどうしても突き当たってしまう障害でありそうである。ではやはり、ポパーが主張するように演繹法のほうが優れており、したがってわれわれの推論の方法としてそれを採用すべきだろうか。そうではない、というのが本書の立場である。実際のところ演繹法もまたいくつかの問題点を抱えており、その盲目的な使用はわれわれの目的達成にとってマイナスとなるのである。

では次に演繹法と、その問題点を考えてみよう。

2 社会科学における演繹法の陥穽

演繹法は、すでに与えられている言明から別の言明を導出することに関わる分析的な推論の方法である。これは論証の前提（assumptions）が真であれば、結論もまた真である、という特徴を持っている。具体的には、以下のような論証のことを言う。

前提1（大前提）：人間はいつか必ず死を迎える。
前提2（小前提）：本書を読んでいるのはすべて人間である。
結論：本書の読者は、いつか必ず死を迎える。

あまり気持ちのよい例ではないかもしれないが、このように演繹法は、前提の内容を超えた知識の増大はないものの——人間以外の動物や、日本語が読めない人々については何も語ってくれない——、真理保全的であり、その意味でより科学的であると考えられている。ただし筆者の考えでは、社会科学においては、純粋な演繹法というものは存在しない。なぜならこの分野においては、

前提が真理ということと，結論が真理ということを演繹的に確かめる条件の二つが欠落しているからである。

前提の不確実性と結論の不確実性

前提が真であるということを証明することは難しい。国際政治学における，国際構造はアナーキーであり，国家は権力闘争をするものだという前提。経済学における，規模に対して収穫一定，限界生産性は逓減するという新古典派型生産関数の前提。これらはある種の論者には正しいと思われても，そのほかの論者には許容できない存在論である。この前提をめぐって，尽きぬ論争が行われたりする。政治家は再選を目指すものであるという，ほとんどの政治学者が信じて疑わない前提すら，ある地域——たとえばコロンビアなどでは——正しくなかったりする（Mayhew 2004, 13）。そして論理学が明らかにしているように，前提が矛盾していれば，どのような結論でも論理的に導出が可能なのである（この原則のことをラテン語で「ex falso quodlibet」と呼ぶ（戸田山 2000, 65））。この事実を確認するために，以下のような論証を考えてみよう。

前提1：名字に「城」という文字が含まれていれば，その人は金運に恵まれている。
前提2：保城広至という人物の名字には，「城」という文字が含まれている。
結論：したがって，保城広至は金運に恵まれている。

このような三段論法は演繹法に違いない。違いないが，筆者（保城）が金運に恵まれているという事実や客観的な証拠は（残念ながら）どこにもなく，その意味で真ではない。なぜ演繹法であるにもかかわらず正しくないかと言うと，当然ながら，前提（この場合は前提1）が真ではないからである。つまり演繹法を推論の方法として採用するためには，前提が真であることが前提とされなければならない。そして前提が正しいということを証明するためには，この場合は「城」という名は金運を呼ぶという事実を，誰しもが納得するように経験的に示さなければならない。ただし経験的に示すということは実のところ，演繹法の放棄にほかならない。結局のところ，前提が真であることを演繹的に導

き出すことは，不可能だという結論が導かれる。

上記の点を理解したうえで，仮にある前提を，もっともなものとして受け入れたとしよう。先に挙げた新古典派型生産関数の前提や，政治家は再選を目指すという前提は，少数の例外は存在するものの，すでに市民権を得ているものである。さらには，「理論がある目的によくかなったものであれば，その前提が現実を反映していなくとも問題ではない」（Friedman 1953, chap. 1; Machlup 1955 も参照）と断言する，M. フリードマンのような論者もいる。偉大な経済学者であり，ノーベル賞受賞者でもあるフリードマンによれば，われわれは前提を経験的に示す必要はないのである。しかしながら仮にある前提をもっともなものとして採用しても，それが真である保証はないから，その前提から引き出される結論が正しいかどうかは，経験的事実によって裏付けられなければならない。フリードマンでさえも，「当該理論による予測は経験的にテストされなければならない」と述べている（Friedman 1953, chap. 1）。すなわち，社会科学の理論というものは，論理さえ正しければ結論もまた正しいというものではなく，実証されなければならないのである。これも当然ながら，演繹法の領域外である。

ただし以上のように，理論は経験的に検証されなければならないという主張に大多数の社会科学者は賛成すると思われるが，例外も存在する。冒頭で紹介した C. メンガーの理論に対する考えはその最たるものである。2005 年にノーベル経済学賞を受賞した T. シェリングは，自分の理論に合った歴史的事実を，単なる「例証（illustration）」とみなしており，「証明（evidence）」するために使用する意図を有していなかった（Schelling 1966, vii）。さらには，理論は事実によってではなく，競合する別の理論によってしか覆されないとする T. S. クーン的な科学哲学も存在する（Kuhn 2012[1962]）。しかしながら彼らの方法・テーゼはいずれも，歴史分析に基づく理論構築を目指す本書の目的には沿わないものである。

さて，以上に述べた演繹の問題を，20 世紀の後半に国際政治学界において大きな影響力を持った K. ウォルツの研究で考えてみよう。主著『国際政治の理論』の中でウォルツは，いくつかの前提条件とロジック——アナーキーな国際構造，同種のユニットである主権国家の自助原理とその能力の違い，大国間

が勢力を均衡する必要性など——から，次の結論を導き出した。その結論とは，不確実性や誤認する確率が低い二極システムのほうが，世界政治をより安定に保つという主張である（ウォルツ 2010［原著は 1979 年］）。これは一見すれば，演繹的な手続きに従っているように思われるが，実はかなり経験的な要素が含まれている。なぜならウォルツは明らかに，現実に観察された国際関係の歴史から，上記の立論を展開しているからである。すなわち米ソの「地球全体への関心」（ウォルツ 2010, 263）は，近代的な輸送手段や兵器があって初めて可能であり，それは当然ながら，論理ではなく経験的事実である。近代以前に生きていた研究者が二極構造なるものを演繹的に導き出すことは不可能に近いし，仮にそのような学説を唱えた者がいたとしても，学界からは非現実的だとして一笑に付されるのが落ちであろう。「安定した二極システム」というウォルツの概念はすなわち，冷戦に対する観察の産物以外の何ものでもないのである。

したがってウォルツが，「帰納はそれだけでは理論的に行き詰まるが，理論を構築するまえに，われわれには物事や出来事の不可解な関係についての若干の認識が必要」「理論構築には帰納と演繹の両方が欠かせない」（ウォルツ 2010, 10, 14）と述べるのも理由なしとしないのである。

3　アブダクション

以上により，純粋な帰納法も演繹法も，われわれが社会を分析する際にそのまま適用することはできないことが明らかになった。そこで本書が採用するのは，アメリカの論理学者・科学哲学者であった C. S. パースの発案した推論の方法，「アブダクション」である。実のところパースは，アブダクションを推論の方法としてひとつにまとめてはおらず，さまざまなことを断片的にしか語っていない（Hartshorne and Weiss 1960–66）。しかしながらそれら断片的な緒言をまとめた優れた研究はいくつか存在する（ハンソン 1986［原著は 1958 年］, 178–94; 上山 1996; 米盛 2007）。それら研究群によればアブダクションとは，説明仮説を形成するものであり，帰納や演繹ではできない新しい諸観念を導入する——科学的発見の——方法である。その推論の形式は，次のような三つのステップをとる。

(1) われわれの信念や習慣から逸れるような，変則的な事実が観察される。
(2) しかし仮にある「仮説」が正しければ，その事実が生じるのは当然のことだろう。
(3) したがって，その「仮説」が真であると考えるべき理由がある。

　最初の変則的な事実とはたとえば，20世紀にはほとんど存在しなかった東アジア16カ国（ASEAN10カ国＋日本・中国・韓国・オーストラリア・インド・ニュージーランド）における自由貿易協定の数が，2000年以降に急増した理由は何か，といった「問い」が浮かぶ。自由貿易協定に対して支配的な仮説のひとつに，民主主義国家のリーダーは，非民主主義国家のそれよりも，自由貿易協定を結ぶ大きな誘因を持つという主張がある。そのような国の政府は国民や自由貿易主義者（企業）に，自分たちは開放的な貿易政策をとっていると明示する必要があるからだ，というのがその理由のひとつである（Mansfield and Milner 2012）。ただしこの仮説では，東アジアのそれを説明することはできない。なぜなら，東アジア諸国における民主国家は数が限られており，各国の政治体制が民主主義か独裁制かの指標をデータ化しているPolity IVプロジェクトによれば，2000年度以降，民主主義であり続けた国の数は約半数のみである[9]。

　つまり現在のところ影響力を持っている仮説では東アジアは説明することができず，そこに最初の「問い」が入り込む余地がある。そして民主主義以外の説明要因――地域経済相互依存の拡大深化や，他地域での自由貿易協定の増大を受けたかたちのドミノ（感染）効果――などがとりあえずの「作業仮説（working hypothesis）」として考えられることになる。

9　Polity IVプロジェクトとは，アメリカの政治学者であるT. R. ガーによって始められた，世界の国々の政治体制に関するデータベースである（現在は同じく政治学者であるM. G. マーシャルが責任者として分析・データ収集を行っている）。データは1800年から始まり，絶えず新しいデータがアップデートされている。本データによると，2000年以降，現在まで継続して民主主義と定義されている東アジアの国は，オーストラリア，インド，インドネシア，日本，韓国，フィリピン，ニュージーランドの7カ国のみである（データがないブルネイは除く）。www.systemicpeace.org/inscrdata.htm（2014年12月25日アクセス）

表 3-2　パースによる仮説を選択する四つの基準／条件

基準／条件	内容
もっともらしさ	検討中の課題に対して，最も理にかなった説明を与えているか
検証可能性	経験的事実と照合することによって，その真否を判断することができるか
単純性	同じ程度の説明能力のある複数の仮説が存在する場合，より単純な仮説が選ばれているか
経済性	仮説を検証する際に，できるだけ最小の経費・時間・思考・エネルギーで実行できる仮説を優先させているか

出所：米盛（2007, 70-73）

　パース自身は，「アブダクション」を「仮説」と同意のものとしているが，次項で述べる仮説演繹法の「仮説」との誤解を避けるため，本書では「作業仮説」という語を使用しよう。最終的には根拠不足や論理破綻といった理由により放棄される可能性があるが，分析途上ではとりあえず正しいものと考えて，検証の対象とするのが「作業仮説」である。

　もちろん「仮の説」である以上，新たなデータ観察，理論やロジック次第で，絶えず自己修正していくことも可能である。仮説を選択する基準，あるいは条件としてパースは，もっともらしさ（plausibility），検証可能性（verifiability），単純性（simplicity），経済性（economy）の4点を挙げている（米盛 2007, 70-73）（表 3-2）。

　アブダクションは真理を保全してくれる演繹とは異なり，可謬性（誤っている可能性）の高い推論ではあるが，帰納と同じく拡張的機能に優れており，知識の増大を助ける。また，観測データをそのまま一般化する帰納と異なり，観察データを説明するために推論を働かせて，因果関係や理論を発案する「発見的機能」をも持つのである。

アブダクションと仮説演繹法

　さて，純粋な演繹が社会科学の分析には適していないという理由で，多くの実証主義者たちは仮説演繹法を推論の方法として使用していると，本章第1節（80頁）で述べた。では仮説演繹法とは，どのような推論方法であろうか。それは，次の四つのプロセスを経る。

表 3-3　仮説演繹法とアブダクションの違い

	仮説演繹法	アブダクション
推論の目的	仮説の検証	仮説の発見
方向づけ	（独立）変数から	事例から
事例の数	多数	少数
解明すべき条件	十分条件	必要条件

(1) 仮説を設定する。
(2) 設定した仮説から，実験／観察可能な命題を演繹的に導き出す。
(3) その命題を実験あるいは観察することによって検証する。
(4) 検証の結果が満足のいくものであれば，(1) で設定した仮説を受け入れる。結果が不満足なものであれば，当該仮説は破棄，あるいは修正される。

　このような仮説演繹法の手続きは一見すると，アブダクションと同じであるような印象を受ける。しかしながら両者にはいくつかの相違点が存在する。上の表 3-3 は，「仮説演繹法」と「アブダクション」という二つの推論方法の特徴の違いを示したものである。

　第一に挙げられる両者の最も大きな違いは，前者が仮説を形成する過程には関わらないのに対し，後者はまさに仮説を発見する方法である，という点である（米盛 2007, 112-13）。つまり仮説演繹法においては，仮説はすでに所与のものとしてあり，その検証を行うことが主目的となる。それに対してアブダクションは先述した通り，どのような仮説をどのように設定し採用すればよいのか，という仮説の形成から関わってくる推論の方法である。

　第二に，仮説演繹法では，仮説検証がその主要目的である当然の結果として，独立変数の説明能力を検討する「変数に方向づけられた（variable-oriented）」研究となる（Ragin 1997; Gerring 2007, 38-43）。この種の研究は，計量分析や事例横断的な研究（cross-case study）によく見られる。つまり，仮説とそれから演繹的に導き出される独立変数がはじめにある。その後で，それらの諸変数が従属変数（結果）に影響を与えているかどうかを検討するために，事例やデータが選択・収集される。その結果，事例の数も多数となる傾向がある。これに対してアブダクションは，「リトロダクション（retroduction）」という別名

を持つことからもわかるように，変則的な事実——すなわち結果——から，それを説明できると考えられる仮説への「遡及推論」(米盛 2007, 63) である。つまりまず事例が選択され，その後にデータ収集と仮説構築を同時に行うというプロセスを経る。その結果，当該現象のより深い「事例内分析（within case analysis）」が可能になるが，多数の事例分析にはあまり適していない。これは「事例に方向づけられた（case-oriented）」研究であるということができよう (Ragin 1997; Goertz 2003, 55; Gerring 2007, 38-43)。そしてこの方向づけは，次章で解説する事例選択の方法——独立変数から選ぶのか，あるいは従属変数から選ぶのか——という問題と密接に関係してくる。

最後に挙げられる両者の違いは，仮説演繹法が十分条件を解明する傾向があるのに対して，アブダクションは必要条件の探求をまず行う点にある。十分条件と必要条件は，論理学における定義だけ読んでもしばしば混乱するし，著名な研究者ですら両者を混同することがあるので (Goertz and Starr 2003, 4-8)，ここでやや詳しく解説しておこう。

仮に原因が X，結果が Y である因果関係を想定すると，二つの条件は次のようになる。

（十分条件）
　X が存在すれば必ず Y も結果として生じるのならば，X は Y の十分条件である。

（必要条件）
　Y が生じるためには X の存在が不可欠であれば，X は Y の必要条件である。あるいは同じことであるが，よりわかりやすく換言すると，
　X が存在しなければ Y は決して生じないのなら，X は Y の必要条件である。

たとえば，女性の幹部昇進機会が増大している——この原因を X と置こう——企業は，必ず業績が伸びる——この結果を Y とする——とすれば，X は Y の十分条件である[10]。ただし女性の幹部昇進機会の増大に関係なく，業績が成長している企業はもちろん多く存在する。この点については，十分条件は

何も語ってくれない。

　それに対して，女性の幹部昇進機会の増大がなければ（¬X），企業業績は伸びない（¬Y）ならば，X は Y の必要条件と言うことができる（X と Y の前に着いている記号 "¬" は，否定を意味している）。ただしこの際，X が存在していたとしても，Y が必ず生じるという保証はない。必要条件はその場合については何も語ってはくれない。さらに必要条件に関して注意すべきは，それが「重要な（non-trivial）」ものなのかどうかである（Braumoeller and Goertz 2003, 219-23）。たとえば酸素の存在は，企業業績の上昇にとって当然ながら必要条件だろう——酸素のほとんどない木星で企業業績が上昇するはずがない。ただし酸素の存在は，企業業績上昇の有無に対して，何ら重要な影響を及ぼさない。その場合，酸素の存在を必要条件としてカウントするのはあまりにもばかげた行為である。つまり因果関係における必要条件を主張する際には，原因が結果に結びついた因果メカニズムを，大多数の人々が納得のいくように，説得力を持って提示しなければならないのである。

　ちなみに，あえてここでの説明は単純化のために，ひとつの条件にひとつの結果，あるいは「存在するか否か」という二分法を想定したが，実際の分析においては複数の原因があると考えたり，あるいは因果関係を二分法ではなく確率的に捉えたりするほうがより現実的である。たとえば Y を引き起こした条件の候補として，X_1, X_2, X_3, X_4……という複数条件が存在すると考えるほうが現実に即している。またそれら複数条件のいくつかが重なってはじめて，Y の必要条件となる場合もあるだろう。あるいは諸条件はすべて整っているが，それらは必ず結果を引き起こすとは限らず，7 割くらいの確率で Y を生じさせていたとしても，それら諸条件を「実質的な十分条件」とみなす，といった結論を下したりする場合もありうる（必要／十分条件とさまざまな社会科学分析の関係については，Goertz and Starr（2003）が詳しい）。第 5 章第 3 節では，そのような複数の条件・要因を想定した分析方法の一例を紹介する。

　仮説演繹法が十分条件の解明を目指す傾向があり，アブダクションは必要条件の追求に注力しがちであるというのは，次の理由による。仮説演繹法は，仮

10　ここであえて「必ず」を強調しておいたが，「必ず」という語を使用しているにもかかわらず，必要条件ではなく十分条件であることには注意が必要である。

説から導き出された独立変数・原因（X）が存在するという前提のもと，その原因が果たして結果（Y）をもたらすのかどうかを検証する方法であった。したがって，まずはXの存在が調査されることになる。先の例で言えば，女性の幹部昇進機会が増大した企業が分析対象として取り上げられ，この要因が企業業績の向上に影響しているという仮説が正しいのかどうかが検証される。Xが存在しなくてもYが生じている事例，つまり高成長を続けているにもかかわらず，女性の幹部昇進機会が広がっていないような企業は，この分析法の対象外となる。これはつまり，十分条件の検証にほかならない。

　それに対してアブダクションは，まずYが生じていることに注目する。ほかの企業ではそれほど業績が伸びていないのに，なぜある特定の企業だけがめざましい成長を遂げているのか。このような問いがその背景にある。そこで当該企業を丹念に調べ上げ，その成功の原因のひとつが，女性幹部社員の増加，彼女らの女性ならではの心遣いと活躍であることを発見したとする（説得的な因果メカニズム！）。この要因がなければ企業の高成長はありえなかったと確信できるのならば，当該要因はその企業における成功の必要条件と言えるだろう[11]。ただし，この要因Xが存在したとしても，結果Yが生じない企業は多数あるかもしれない。そのような事例は，分析を始めるきっかけとしては，アブダクションの対象からは外れることになる。

　もちろん，両者の推論法──仮説演繹法とアブダクション──を同一の研究で採用することは可能であるし，分析の幅を広げるためには望ましくすらある。次章の第3節では，事例選択問題に関して，ある限定された範囲内で，アブダクションと仮説演繹法の双方を時間差で使用するべきだという提言も行っている。ただし前章で述べた記述説を満足させるような歴史分析を行うためには，アブダクションの使用を・必・要・条・件としなければならない，というのが本書の主張である。説明仮説を形成していくアブダクションという推論方法を採用しなければ，そもそも質の高い歴史分析はできないことになり，さらにその理論化

11　しかしながらここでXが必要条件だと言えるのは，調査した単一企業のみである。調査対象を複数企業に広げた場合，条件Xがなくても結果Yが生じる事例は当然ながら現れることになる。つまり事例が複数になることによって，Xが必要条件と言える可能性は低くなっていくのである。同様のことは，十分条件についても言える。

は困難となるからである。

　ちなみに，帰納法を科学的推論の方法だとは認めなかった K. R. ポパーは，アブダクションのような新たな観察による発見の文脈を，「ある論理を考案あるいは発明するという最初の段階は，論理的分析を必要としないし，論理分析ができるものでもない」と述べ，彼の科学的発見の論理からは排除した（Popper 2002[1959], 7）。これに対して科学史家 N. R. ハンソンは，科学者が仮説をどのように見つけたかという推理プロセスを示すことは，「（仮説発見の）物語の一つの本質的部分」であると述べ，ポパーの切り捨て態度に反論を加えている（Hanson 1961, 31）。日本における論理学の教科書として長いあいだ読み継がれてきた近藤洋逸らの入門書も，「勿論，創造される仮説の内容は論理学の圏外にあり，研究者の能力の発揮によって決まるが，その発想される形式や，その発想を援助する形式や背景については充分に論理学的に考察できるところがある」と述べている（近藤＆好並 1979, 241）。もちろん近藤らの発言は，帰納法およびアブダクションの擁護でもある。

アブダクションとさまざまなディシプリン

　実際のところ，アブダクションを意識的／無意識的に推論の方法として用いる研究者は，われわれが想像している以上に多いと思われる。たとえば文化人類学者の川喜田二郎は，自分の発想法──KJ 法──がアブダクションとほぼ同じであると断言している（川喜多 1967, 4）。日本におけるマルチエージェント・シミュレーションによる国際政治分析の第一人者である山影進も，シミュレーションとアブダクションの親和性を示唆している（山影 2014, 248）。また，J. G. ラギーら国際関係論における社会構成主義者もまた，このアブダクションを研究手法として採用していると明示的に述べている（Ruggie 1998, 34, 94; Finnemore 2004, 13)[12]。

---

[12] ただし筆者の考えでは，このような社会構成主義者による主張は説得的であるとは言えない。なぜならアブダクションという推論の方法を使う限り，アイディアや規範が国際政治の最重要要因であるという彼らの主張（理論）は，アプリオリに出てこないはずである。その主張に固執し続けているということは，観察によって理論をも変化させるという，アブダクションの作法に従っていないことを意味するからである。

3 アブダクション

さらには，歴史家である W. H. マクニールや色川大吉の論じる以下の方法も，アブダクションと呼んで構わないだろう。冷戦史家である J. L. ギャディスに歴史を書く方法を説明してほしいと依頼された歴史学者のマクニールは，次のように語ったのである（ギャディス 2004, 66）。

> ある問題に好奇心を抱くと，それに関する資料を丹念に調べます。読んだものによって，その問題を定義し直すことになります。問題を再定義すると，読むものの方向性が変わります。それは問題の形をさらに変えることになり，すると読むものの方向性がさらに変わります。これでよし，と感じるまでこの手順を行きつ戻りつし，そうして書き上げたものを出版社に送るのです[13]。

明治期における民衆の思想を掘り起こしたことで知られる歴史家の色川は，次のように述べる（色川 1992[1977], 20）。

> ある最初に仮説 A というのを出す。そして実証してみる。不充分。次に仮説 B を出す。実証，不充分。仮説 C を出す，まだ不充分。仮説 D を出す。そういうふうに仮説→実証→仮説→実証を繰り返しながら，次第に当時の歴史の真実に接近していくというのが，歴史学における仮説を提起する意味である。

両者の共通点と，アブダクションとの類似性は明らかであろう。

前章で述べたように，本書の提案する説明とは，因果説と記述説の統合，つまり「what 疑問」と「why 疑問」双方に答えることである。したがって，結果に対する新事実の発見であれば，ある政策の結果あるいは組織の状態などが

---

[13] 実はこの話には，ギャディスが強調したかった続きがある。ギャディスによれば，このようなマクニールの説明を聞いた経済学者・社会学者・政治学者は，「そんなものは方法ではない」と述べ，失望と嘲笑の表情さえ浮かべたという。いわく，「それは節約的ではないし，独立変数と従属変数の区別をしておらず，また帰納と演繹を混同しているところなど救いようがない」と。しかし他方で，ほかの参加者がこう述べた。「いや，その通り」。「それこそまさしく，われわれが物理学で使っている方法だ！」（ギャディス 2004, 66）。

「何であるか」を，先行研究の見解とは異なったかたちで，新しく発見した資料やデータなどでまず明らかにする。その結果，明らかにした事実が従来の直観や通説と異なっていれば——明らかにしたのが新事実である限り，その可能性は高いはずである——それがなぜ生じたのか／それまでなぜ生じなかったのかと問い，因果関係を解き明かすことが，次の作業となる。あるいは，原因に対する新事実の発見であれば，結果や状態は通説的理解に同意していたとしても，その原因に対する先行研究の説明に納得がいかない場合，より説得的な新しい説明を自ら求めることになる。それら原因を明らかにするためにさまざまな作業仮説を設け，それらの裏付けをとるためにインタビューや公文書館などでの資料収集が再び開始されるだろう。当初の仮説はその過程で捨てても構わないし，新たな作業仮説を加えていってもよい。換言すれば，結果に対する新事実の発見であろうが，原因に対するそれであろうが，従属変数自体をまず明らかにした後に，独立変数・介在変数を柔軟に改変可能にしておく[14]。そのような作業を可能にするのがアブダクションなのである。

おわりに

　本章では，推論の二大方法である帰納と演繹の問題点を，本書の目的に照らして考察した。帰納とは，観察から得られた単称言明から普遍言明へと一般化する推論の方法である。そして演繹とは，論証の前提が真であれば，結論もまた真であることを導き出す分析的な推論の方法であった。歴史研究者は前者を，社会科学者は後者の方法を使用すると考えられがちであるが，純粋な帰納，純粋な演繹というものは，社会科学における推論の方法としては実用的なものではないことが明らかになった。そこで本章では，C. S. パースの考案した推論の方法，アブダクションを明示的に採用することを提案した。これはある事実やデータが観察された場合，それはなぜかと問い，何らかの作業仮説をつくって説明・検証する方法のことである。アブダクションという推論の方法を使用することによって，質の高い歴史分析を行うことが可能になり，最終的に理論

---

14 「介在変数 (intervening variables)」とは，独立変数と従属変数の因果関係に影響を与える変数のことである。

おわりに

を形成することができるのである。

　本章でわれわれは，アブダクションという強力なツールを手に入れた。次章では，そのツールをどのような事例に適用するのかという，つねに社会科学者を悩ませてきた事例選択の問題を取り扱うことになる。

第4章

構造的問いと事例全枚挙

はじめに

　自らの理論なり仮説を検証するためには，どのような事例を選択すればよいのだろうか。あるいはどのような事例を分析すれば，そこから得られた知見を一般化することができるだろうか。この問題は，実証に基づいた研究を行う社会科学者の絶えざる悩みの種であった。そしてとくに 1990 年代半ば以降，社会科学の方法論を扱った多くの研究群が，この問題に取り組んできた。

　本章では，なぜ事例の選択が定性的分析にとって重要となるのかを解説する。その後に，単一事例の分析から理論構築は可能かという論点を考察するが，それに対して本章は否定的な結論を下す。そのうえで，歴史学と社会科学の統合という本書の目的に沿った事例選択の方法を提案する。それはすなわち，時間・空間・イシューの限定を行ったことを所与として，その範囲内におけるす・べ・ての事例を分析することである。そのような「事例全枚挙」によって，体系的な比較分析が可能となるのである。

1　単一事例の問題点

　理論を形成するためには，適切なリサーチ・デザインが不可欠である。とくに 1990 年代以降，事例選択に関する研究書が数多く世に出されるにつれ，社会科学者は分析事例の選択に対して無自覚ではいられなくなった。たとえば，ある理論を検証するために，その理論で説明できることが前もってわかっている事例――イージー・ケース――を選ぶことは，ほぼタブーとなりつつある（Geddes 2003, chap. 3; キングほか 2004, 154-62。イージー・ケースについては 77 頁のショート解説 3-3 を参照）。なぜイージー・ケースを選択することは認められないのだろうか。そのことを理解するために，二つの具体例を挙げてみよう。

（事例 1）
　日本の援助政策は，アメリカ合衆国からの外圧の産物である。1980 年代における日本のジャマイカやエジプト，あるいはパキスタンなどに対する援助の

開始は，すべて米政府の圧力によるものであった。さらには，1982年以降のニカラグアに対する援助の停止もまた，ホワイトハウスの要請を受けた結果である。したがって，日本の援助政策の規定要因としては，アメリカ要因が最も重要となる（Orr 1990, chap. 5）。

(事例2)
　日本の援助政策は，アメリカの外圧によって規定されるという考えが一般的に広まっている。しかし実際のところ日本政府は，アメリカ以外の国々からも投げかけられるだろう批判や期待を慎重に考慮しつつ，独自の援助政策を展開しているのである。このような主張は，1990年代における世界銀行やアジア開発銀行に対する，日本政府の援助政策を詳細に分析することによって裏付けられる（Yasutomo 1995）。

　両者はすべてイージー・ケースである。対照的な事例を併記することによって，このような事例選択がなぜ問題なのかがよく理解できるだろう。各事例ともに，自分の理論なり仮説なりを裏付けるために，自らの主張に都合のよい事例を選択している（前者はアメリカの外圧が影響した事例群，後者は日本が主体的に政策を決定した事例群）。そのために，両者の主張は根本的に嚙み合わず，あまり建設的な議論を進展させていないという印象を受ける。
　このような不毛とも思われる論争を回避するためには，適切なリサーチ・デザインが必要となってくる。その点，宮下明聡は，上記二つの研究が陥った事例選択の偏向という弊害を指摘し，日本の対外援助政策と対米関係について，適切な事例の選択方法を示した（宮下2004）。すなわち宮下によれば，「日本の援助政策における外圧の影響を調べるためには，日米の利益が対立し，なおかつ日本が比較的高い利害関心をもつ事例」を分析しなければならないのである（宮下2004, 122）。それらの事例とは，日本が援助供与に高い関心を示している反面，アメリカはその凍結を求めていた対イラン援助（1993–99年）や，あるいは逆に，日本は援助をしたくなかったが，アメリカは供与を要求した北朝鮮への援助（1994–98年）などである。これらの事例を検証してみて，仮に日本がアメリカの反対に抗してまで独自の援助政策を行ったのであれば，外圧は効

かなかったということになる。その逆であれば、やはり一般に言われているように日本の援助政策は、アメリカの影響に大きく左右されていることになるだろう。ちなみに以上のようなリサーチ・デザインに基づいた宮下の実証分析によれば、軍配は外圧の影響が大きいという説に上がっている（宮下 2004）。

　実際のところ、上のような例は学術的な研究でなくとも、世の中にあふれている。日本は世界から好感され、尊敬されていると主張したいならば、日本を褒めている発言や賞賛している海外の記事などを拾ってくればよい。逆にどれだけ軽蔑されているかを言い立てたいのであれば、全く反対のことをすればよい。しかしながら親日論者も反日論者も、自分に都合の良い証拠だけを集めて攻撃しあったならば、当然ながら議論が噛み合うはずもない。これはつまるところ、双方ともに第3章第1節で述べた「帰納的飛躍」を行っていることからくる過剰な一般化なのである。

　もし自分の主張することに対して具体例を挙げてその根拠とする論者がいれば、われわれはその主張をつねに疑ってかかるべきである。そこに帰納的飛躍が入り込んでいる可能性は高いからである。イージー・ケースを選択するということはしたがって、帰納的飛躍から生じる議論の不活性という弊害を引き起こす。つまり事例分析に際しては、なぜ当該事例を選択したのかという理由を、説得力を持って述べなければならない。そうでない限り、いかに緻密な実証分析を行っても、その研究価値が損なわれる事態になりかねない。「自分の主張したい理論を検証するために、その理論で説明できることが前もってわかっている事例を選ぶ」といった行為は避けなければならないのである。

　ちなみに上記のような事例選択の問題を指摘された研究者が、「事例を選択する段階では、自分の理論／仮説が当該事例に当てはまるかどうか私には不確かであった。ゆえに、私の事例はイージー・ケースではない」という反論を行っている場面に、筆者はしばしば出くわすことがある。しかしよく考えてみればわかることだが、そのような反論はただの個人的な事情に過ぎず、何ら説得力を持つものではない。読者や聴衆を納得させるためには、後述する「最もありえそうな事例」の例のように、選択事例においては自身の仮説が成り立つのは困難である理由を、説得的に示さなくてはならない。

　他方で歴史研究者は、概して上記のような事例選択——リサーチ・デザイン

1 単一事例の問題点

——問題に対しては無頓着であったと言えるだろう。彼らの研究目的は基本的に，理論の構築や反証ではなく，事例そのものに対する新しい事実の発見や従来解釈の反論——第2章で述べた記述説——である。したがって，理論のための事例分析とその選択方法を考える必要性は，そもそも存在しない（分析対象を「事例」と呼ぶこともまれである）。先の例で言えば，日本の援助政策が外圧によって規定される／されないと主張したいから，事例を選択するのではない。そうではなく，日本による特定国や特定の国際機関に対する援助政策それ自体が，興味深い対象であるから分析するのである。いままで誰も手をつけていなかった領域の分析を行うことで，われわれの知識の増大という学術的貢献ができるとされている。日本のニカラグアに対する援助停止という事件について，いままで誰も包括的に明らかにしていないならば，いちばん初めに手をつけることは，その後の研究を先導する意味でも価値があるかもしれない。

　ただしそのような考え方について筆者の批判的な見解は，第2章第6節（63頁）で述べた通りである。筆者が問題とするのは，従来と同じ手法——たとえば公文書館で一次資料を収集するというアーカイバル・アプローチ——で，一般に知られていない事例を「誰も手をつけていなかった」という理由だけで選択・分析することである。このことはつきつめれば，むしろ重箱の隅をつつくようなテーマこそが，新しい研究として認められることになりかねない。しかしながらそのような学問状況は，筆者の考えではあまり健全とは言いがたい。この点に関して，たとえば「ミクロの歴史」という分野を開拓したC. ギンズブルグや，記録の存在しない人物を描くことに成功したA. コルバンらの業績は，きわめて重要な研究業績であると言える（ギンズブルグ1984；コルバン1999）。なぜなら彼らの研究は，われわれの全く知らない人物や出来事を分析したにもかかわらず，新しい手法を積極的に切り拓いたことによって，歴史学界に大きな影響を残したからである。

　ただし他方で，理論的に重要だからといって特定の事例に偏った分析を行うことも，あまり健全であるとは言いがたい。アメリカの国際政治学界では，デモクラティック・ピース論の逸脱事例として，（双方とも民主主義国家である）英仏間で1898年に生じたファショダ危機が，集中的に分析されている傾向があるらしい（ジョージ＆ベネット2013, 315）。しかしこれは，歴史学者にとって

みればやや異常な知的状況に映るかもしれない。

単一事例の擁護

では歴史研究者が通常行うように，あるひとつの事例を詳細に分析することは，(本書の目的でもある)理論の構築に結び付くのだろうか。単一事例の分析が理論化に貢献することは，少なくない数の社会科学者も認めている。たとえば政治学者の H. エクスタインは，ある理論の有効性／非有効性を論ずるにあたって，それが説明する「最もありえそうな事例(most likely case)」の分析によって当該理論が反証されれば，あるいは逆に「最もありえそうにない事例(least likely case)」においても当該理論が有効であることが検証されれば，その事例は単一であっても分析するに値すると主張する(Eckstein 1975, 118-19)(ショート解説 4-1 を参照)。つまり単一事例であっても，それがある理論にとってハードルの高い検証になる場合は，有用なのである(ジョージ＆ベネット 2013, 88)。

さらに H. エクスタインは，単一事例の有用性のひとつに経済性を挙げている(Eckstein 1975, 108-13)。すなわち，たとえばある仮説を試験的に検証したい段階では，複数よりも単一事例のほうが，当然ながら時間の無駄が省かれ，経済的である。仮に試験的な検証が納得のいくものであれば，その後に本格的な事例検証に入ればよい。このような事例をエクスタインは仮説の「事前調査(plausibility probes)」と呼び，単一事例を擁護する理由のひとつに挙げている。

比較政治学者の A. レイプハルトも同様に，分析する価値がある単一事例の存在を述べている。それは，いわゆる一般的な傾向や理論からの逸脱事例(deviant case)である。逸脱事例は，従来見過ごされてきた独立変数の発見(specification)や，新たな前提の構築と理論化につながる場合があり，分析価値があるとするのがレイプハルトの擁護理由である(Lijphart 1971, 692)。さらには，歴史社会学を専門とする D. ルシュマイヤーも，多数事例を扱う統計手法は線形の関係しか分析することができず，独立変数間の相互作用といった複雑な因果関係を調べるには，緻密な分析を可能とする単一事例(少数事例)のほうが優れていると主張している(Rueschemeyer 2003, 324. 内山 2007 も参照)。

また，ケース・スタディの教科書で R. K. インは，単一事例研究が正当化さ

> **ショート解説 4-1 「最もありえそうな事例」と「最もありえそうにない事例」**
> 　前者の「最もありえそうな事例」を扱った例としては，以下のような研究が挙げられる。どの地域においても，スラム街は無秩序であると一般的に考えられている。そこで実際に，ある都市のスラム街を調査してみることにする。その結果，きわめて秩序だった組織化が住人によってなされていたという発見をしたとしよう。この事例とその中での直観に反した発見は，人間の組織化や社会化という行動に再考を迫ったものとして，さらに学術的に分析する価値があるものになるかもしれない。実際に分析した結果そうでないことが判明したが，無秩序になるのが当然であると推測される場所という意味で，これは「最もありえそうな事例」になる（ホワイト 2000）。
> 　また後者の「最もありえそうにない事例」とは，次のような研究のことを指す。平等や草の根民主主義の実現を掲げた政党組織（大衆政党）は，その理想主義的なスローガンにかんがみて，決してその政党自体は少数者によって支配される組織にはなるはずがない，と期待される。しかしながら実際には，平等や民主主義を謳っていながらも，少数者支配に陥っている大衆政党は散見される。この発見は，ある程度の規模を持つ組織は必然的に少数者による多数者支配に陥るという，いわゆる「寡頭制の鉄則（iron law of oligarchy）」を主張する根拠になるかもしれない（ミルヘス 1973-74）。これも最終的にはそうでないことが判明したが，当初は少数支配になるはずがないと予測された点において，「最もありえそうにない事例」である。

れる場合をいくつか述べている（Yin 2009, 47-53）。それら事例とは，「決定的事例（critical case）」「極端な／ユニークな事例（extreme case or unique case）」「代表的／典型的事例（representative or typical case）」「啓示的事例（revelatory case）」「長期的研究事例（longitudinal case）」の五つである（表4-1）。

　初めの「決定的事例」とは，諸条件が特定されている完成された理論をテストするときに，有用な事例である。それら特定された諸条件をすべて満足させたうえで，当該理論の確認／反証，あるいは改良を可能にする事例のことを指している。たとえば学校の組織や制度改革を妨げているのは，AとBという障害の存在である，というよく知られた通説があるとする。ある研究者がこの通説に反論するために，Xというひとつの学校を選ぶ。なぜその学校が選ば

表 4-1 単一事例研究が正当化される場合

事例	内容
決定的事例	諸条件が特定され，完成された理論をテストするときに有用である
極端な／ユニークな事例	起こることがきわめてまれであり，分析すること自体に価値がある
代表的／典型的事例	日常的な共通条件を知ることができる
啓示的事例	かつてアクセスできなかった問題を扱う機会を提供してくれる
長期的研究事例	ひとつの事例を多時点で分析し，諸条件の経過を知ることができる

出所：Yin（2009, 47-53）

れたかといえば，Xはかつて制度改革を成功させた過去があるにもかかわらず，今回はそのような改革に失敗したからである。つまりA・Bという要因がXの中につねに存在しているにもかかわらず，ある二つの時点における改革の成否はそれぞれ異なっていた。このような結果は，学校の制度改革を妨げるものとして，AとB以外の要因が存在していることを示唆している。したがってXの失敗事例を詳細に分析することは，単一であっても意味があるだろう。

第二の「極端な／ユニークな事例」は，その名の通り，起こることがきわめてまれな事例であり，その分析自体に価値を見出すものである。医療分野において，知人を認識できなくなる失顔症（prosopagnosia）に罹患した患者を詳細に調べることなどがその例である。これはレイプハルトの言う逸脱事例とほぼ同じと考えてよいだろうし，歴史研究者が試みるのもこの種の事例が多いと思われる。

第三の「代表的／典型的事例」は，日常的な状況における共通した特徴や条件を理解するために分析される。これらの事例から学べることは，平均的な人物・組織などの経験や情報である。ただしつねにオリジナリティを求める学界では，この種の事例分析はあまり評価されないかもしれない。

第四の「啓示的事例」とは，従来はアクセスできなかった問題を扱う機会を提供してくれる事例のことをいう。スラムに在住するアフリカ系アメリカ人へのインタビューを通じて，以前には研究者が踏み込むことのできなかったスラムの雇用問題などを分析する研究などがこれにあたる。この内情の記述自体が学問的価値を持ち，それ以後の研究を呼び起こすのである。

最後の「長期的研究事例」とは，ひとつの事例を多時点で分析する研究のこ

とである。これによって，ある条件や状態が時間の経過とともにどう変化するかを検証することが可能になる。一人の患者を長期的に観察し，時間が経つにつれてどのように病状が変化するのかを克明に記録することなどがその代表例だろう。このようなやり方は，政治学者の J. ゲリングが「長期的比較（longitudinal comparison）」と述べているものに等しい（Gerring 2007, chap. 6）。後に述べるように本章は，この最後の「長期的研究事例」に非常に近い事例の選択方法を提案する。ただしそれはインが述べたような単一事例としてではなく，複数の事例群として扱うことになる[15]。

単一事例への批判

以上が単一事例分析の正当化理由であるが，その限界もまた，広く認められている。

主な限界点として第一に，「決定的事例」は果たして存在するか否か，という問題である。前章ですでに帰納法の問題点としても述べたことであるが，ほかの諸条件を完全に統制してひとつの変数を操作するといった，物理学や化学の実験のような試みを行うことは，社会を扱う学問においては倫理的にも現実的にも不可能である（73頁のショート解説 3-1 で示した夏期講習の例を想起せよ）。そうであれば，「決定的事例」はそもそも社会科学において存在するかどうか疑わしい[16]。上記の R. K. インが「決定的事例」として挙げた学校改革の例でも，全く同じ条件になっているとは言いがたい（Yin 2009）。同じ学校を選択したとしても，教師や生徒の顔ぶれなどは二時点間で当然異なってくるはずであり，完全に条件が統御されているわけではないからである。

さらには社会科学の分野に限らず，ある理論を反証するような決定的な事例を発見するのもまた，決して容易なことではないという事実も挙げておこう。

---

[15] 上で述べたようなやり方は，複数事例（cases）ではなく，ひとつの事例内に複数の観察（observations）が存在するものだと指摘する論者がいるかもしれない（たとえば，キングほか 2004）。ただしこのような「事例」と「観察」との区別は混乱を招きがちであるうえに，本書では両者を区別して論じる必要性はあまりないと思われるので，「観察」を上記の意味では使っていない。

[16] たとえば先に述べた H. エクスタインの「最もありえそうな事例」と「最もありえそうにない事例」は，決定的な事例を見つけるのは困難であるという認識のもと，代替案として提示されたものである（Eckstein 1975, 118）。

複数理論が競合しているとき，ひとつを採用してほかを棄却するような事例ないし実験のことを，「決定的実験（crucial experiment）」，あるいは一般的に「スモーキング・ガン（smoking gun）」と呼ぶことがある。後者の用例は，銃を使った現行犯の動かぬ証拠を表現するものとして，主にアメリカで使われている。この種の実験の有名な例としては，アリストテレスの運動理論を論駁し，物体の落下速度はその質量の大きさに依存しないことを証明した，ガリレオの落体実験などが挙げられるだろう。ただしそのような決定的実験の存在は，科学哲学者によって盛んに議論されてきた結果，現代ではかなり疑わしいものとされている。なぜなら，仮にある理論の反証になりそうな決定的事例が見つかったとしても，新たに救済用のアド・ホックな仮説をつけ加えたり，当該事例をマイナーな逸脱事例として扱ったりすることで，「理論の核」あるいは「理論全体」をその反証例から救い出すことはつねに可能だからである。このような決定的実験の不可能性は，フランスの物理学者とアメリカの哲学者の名を冠して，「デュエム＝クワイン・テーゼ」と呼称される（デュエム 1991, 242-57; クワイン 1992, 第 2 章。ラカトシュ 1986, 第 1 章も参照）（ショート解説 4-2 を参照）。

　単一事例分析の限界として第二に挙げられるのは，ひとつの事例自体を一般化して理論を構築するのは，明らかに前章で述べた帰納的飛躍という問題をはらんでいる点である。複数事例であってもそれらを一般化するのは，過剰な一般化であるという批判が必ずつきまとう。事例がひとつしかなければ，なおさらそれを正当化する根拠は薄まるだろう。したがって「観察の数を増やせ」という提言は，やはり説得的である（キングほか 2004，第 6 章）。

　第三に，これは本書の方法との関連に限定されるが，単一事例分析は前章で提唱したアブダクションと親和的ではない点が挙げられる。理論に貢献するために単一の事例を分析するには，ハード・ケースを選択するといった，適切なリサーチ・デザインが必要不可欠となってくる。日本の対外援助政策と対米関係の例で述べたように，事例選択のリサーチ・デザインは，前もって理論や仮説が存在して初めて成り立つものである。それに対してアブダクションは，ある結果が選択された後に，その現象を説明できると考えられる仮説を構築するというプロセスを経る。つまり仮説や理論は，あらかじめ存在しているわけではないのである。そうであれば，それら仮説や理論を検証するための事例選択

1 単一事例の問題点

ショート解説 4-2　決定的実験の不可能性「デュエム=クワイン・テーゼ」

　アインシュタイン出現以前の物理学者が、ニュートン力学と重力の法則を使用して、ある惑星pの軌道を計算したとする。しかしその惑星pの軌道は、計算されたものから逸脱していた。ではこの観察された事実によって、彼／彼女はニュートンの理論を否定するだろうか。おそらくしないだろう。その代わり、この物理学者は惑星pの軌道を乱している、いままで知られていなかったほかの惑星p'が存在すると主張するかもしれない。惑星p'が現在までに観察されていないのは、その時点における望遠鏡の精度に難があるか、あるいは宇宙塵の雲がp'をわれわれから隠しているからだと彼／彼女は言い張るだろう。その後、最新の望遠鏡が導入されるか、あるいは雲の位置を計算するために、膨大な資金を投入して人工衛星がつくられるかもしれない。仮にその人工衛星が、宇宙塵によって形成された雲の存在を観測できたとすれば、この成果はニュートン理論の勝利だとされるに違いない。もし雲が発見できなかった場合は、人工衛星の観測機器を攪乱する磁場があるはずだ、という新たな補助仮説がつくられることになるだろう……。果たしてニュートンの理論という核は、無傷のまま長らく生き続けるのである（ラカトシュ 1986, 27-28）。

の方法もまた、存在しないことになる。

　もちろん、ある事例の分析を終えた後に、「本事例は自説にとってのハード・ケースであった」と後付け的に主張することは可能である。筆者の個人的な意見としては、その行為（後付け的主張）自体には何ら問題はないと考える――たとえば自分の出身国を分析対象とする比較政治学者は、そのような後付け的な主張をすることが多いだろう。ただしそれが説得力を持つかどうかは不確かである。少なくとも、はじめから事例選択がうまくデザインされている研究よりは、自分の事例がハード・ケースであると主張できる可能性は低くなるに違いない。このように単一事例分析は、アブダクションとはあまり親和的ではないのである。

　そして単一事例分析に対する批判として最後に述べておくべきは、単一事例の分析では記述説を満足させることが困難だという事実である。第2章において、歴史分析を理論へと導くために、記述説と因果説を同時に含めることを本

書は提案した。再び定義を確認すれば記述説とは、「ある状態や性質を記述・描写する」意味に「説明」という語を使用することであった。多くの歴史研究が，この定義を採用していると第2章では論じた。実のところ，この「ある状態や性質」を，とくに評価を交えて描写することは，比較の視点なしには不可能ではないにしてもきわめて難しいのである。ある国家が好戦的かどうか，民主主義かどうか，福祉国家かどうか，という問いは，当該国家の一時点における状態を観察しただけでは決して答えは出てこない。たとえばH. S. トルーマン大統領が日本に原子爆弾を投下するという決断をしたという事実は，米政府内部の資料によって明らかにできたとしても，その時期のアメリカ合衆国が好戦的であったと評価することはできない。そのような判断を下すためには，（日本を含む）他国の状況，かつアメリカの過去／未来の状況と比較しなければならない。民主主義かどうかといった問題も同様である。ある国家の政治体制が民主主義かどうか，あるいは独裁制かどうかは，行政のトップ（executive）が競争的に選択されているかどうか，それらトップの権力はどの程度制約されているか，といったさまざまな指標が考案され，データベース化されて広く共有されている（Marshall et. al. 2011；本書第3章の脚注9（88頁）も参照）。ただしこのデータベースから，単一の国の単年だけの指標を見ても，それ自体何も語ってくれない。ほかの国との比較，あるいは同一国家の経年比較をして初めて，その国が当該時点で民主主義であったかどうか判断することができる。

　因果関係の解明だけを目指すのであれば，単一の事例を取り上げるだけでも十分かもしれない。緻密な事例内分析を行うことによって，原因や必要条件は明らかにすることができるからである。しかし記述説をも分析の目的に含めるとすると，上記の理由でその達成は困難なものになる。複数の事例間比較を通じて初めて，当該事例を相対化することができ，その特徴を浮き彫りにすることができるからである[17]。

　以上述べた四点が，単一事例分析に対する主な批判である。以上の理由により本書は，単一事例の分析だけでは，歴史から理論を創造することは困難であ

---

[17] この点に関して，たとえば政治学者の久米郁男は，日本における官僚優位論を主張してきた「啓蒙主義的政治評論」は，比較の視点に欠けており，そのために記述的推論も不十分であったと批判している（久米 2008）。

ると考える。それを成し遂げるためには，複数の事例分析とそれら事例間の比較分析が必要不可欠である。

2 構造化，焦点化された比較の方法

　では，複数の事例間比較を行うにはどのような方法を採用すればよいだろうか。その点，参考になると思われるのは，A. L. ジョージらの「構造化，焦点化された比較の方法（method of structured, focused comparison）」である（George 1979; George and Mckeown 1985; ジョージ＆ベネット 2013，第 3 章）。

　ジョージらによれば，「構造化，焦点化された比較の方法」とは，さまざまな事例に対して，研究の目的に沿った同じ問いを投げかけることによって「構造的」な比較を行い，分析対象事例のある特定の側面に「焦点」を当てて，「過程追跡（process-tracing）」によって詳細に分析した後に理論化を目指す手法のことである（「過程追跡」については次章で解説する）。まずある社会現象が観察された際に，それはなぜ生じたのかという一般的な問いを立て——これ自体は，前章のアブダクションと同じである——，その問いを固定したまま，複数の事例でデータを集積して詳細に分析していく。それによって，歴史学者の行うような質の高い実証を保ったうえで，体系的な事例間比較が可能になるのである。

　また「焦点」を当てるというのは，たとえばキューバ危機を事例として選ぶとすれば，それを武力行使を抑止した成功例としてか，あるいは組織論の一事例であるか，または外交交渉の事例とするのか，といった選択をする必要があることを意味する。その点，たとえば「キューバ危機の全体像」というテーマの国際関係史的な事例分析は，ジョージらの方法の範疇には入らない。焦点化するというのは，第 1 章で述べたイシューの限定というものに近い。

ヘンペルのカラスと比較の単位

　このように，ある現象における特定の側面に「焦点」を当てることを明示することで，いわゆる「ヘンペルのカラス（Hempel's ravens）」のパラドックスを避けることができ，分析すべき事例を明確化することができる（ショート解

ショート解説 4-3　ヘンペルのカラス

「ヘンペルのカラス」とは，第2章第2節で紹介した D–N 説明と I–S 説明を提示した科学哲学者の C. G. ヘンペルによって指摘された，次のような推論のパラドックスのことである（Hempel 1945）。あるバードウォッチャーが，「すべてのカラスは黒い」という仮説の真偽を確かめようとしている。この仮説を実証的にテストする直接的な方法は，言うまでもなく，世界中にいるすべてのカラスを数え上げることである。黒いカラスが見つかれば仮説の確認となり，逆に黒くないカラスが一羽でも発見されれば，当該仮説はその時点で棄却されることになるだろう。

ここまでは常識的な範囲であるが，パラドックスはここから始まる。

ヘンペルによれば上記の仮説は，「すべての黒くないものは，カラスでないものである」と言い換えても，論理的には同値となる（このような言い換えを，「対偶をとる」と呼ぶ）。したがって，最初の仮説を確かめるためには，たとえば読者がいまちょうど眺め読みしている本書や，隣で寝そべっている白い猫などを数え上げればよいことになる。それらはカラスでもなく，黒くもないために当該仮説が正しいことの証拠になるだろう。そして後者の対偶をとった仮説のほうが，より容易に検証できることは理解できるだろう。われわれは部屋にいながらにして，「すべてのカラスは黒い」という仮説を確かめることができるからである。ただしもちろん，カラスが黒いことを証明するために書物や猫を観察することは，誰しもが違和感を持つだろう。つまり推論の方法としては正しいが，常識的にはおかしいのである。パラドックスと呼ばれるゆえんである。さらに付言すれば，このような，事例を積み上げて自らの仮説や命題を確かめる帰納法的な検証法に対して，K. R. ポパーがきわめて批判的であった事実は，前章第1節で述べた通りである。

説 4-3 を参照）。

このようなパラドックスを招来しないためには，理論の検証や構築に適した事例を取り上げなければならないのである。G. キングらはこのような比較可能な事例を，「単位同質性（unit homogeneity）」あるいはそれよりやや弱い仮定である「効果一定（constant effect）」があると述べている（キングほか 2004, 109-12）。それぞれの内容は微妙に異なるが[18]，両者に共有されているのは，

理論の構築や検証のためには、「比較に値する事例」を選択しなければならないという指摘である。もし比較するのにふさわしくない全く異なる事例を、ひとつの研究の分析範囲に含めてしまえば、それらを一般化することは不可能になるだろう。したがって、A. L. ジョージらが主張しているように、特定の側面に「焦点」を当てることが不可欠となる。

しかしながら、以上のようにジョージらの方法は、歴史分析を理論化するうえで参照するべき点が多いものの、どのような事例を選択すればよいのかは必ずしも明らかにしてくれない。彼らによれば、事例選択の最も重要な基準は、研究目的——それが理論の発展、検証、あるいは発見いずれだとしても——に沿ったものでなければならない。ただしその具体的な方法に関しては、「ある程度ご都合主義的でもよい（opportunistic）」「偶然見つけるかもしれない（may come across）」といったやや曖昧な表現が見られる（ジョージ＆ベネット 2013, 96-97）。その曖昧さが一因になっているかもしれないが、たとえばその方法を適用したジョージらによる浩瀚なアメリカ合衆国の抑止外交研究（George and Smoke 1974）は、事例選択が恣意的であると批判を浴びたのである（Achen and Snidal 1989, 160-63）。つまり「構造的」で比較可能であればどのような事例を選択しても構わない、というわけではない。

3　事例全枚挙

では、以上のような恣意性を避けるためには、どのような事例を選択するのがよいだろうか。分析の対象となる母集団と、その中で選択する事例数がかなり多いときは、無作為抽出という統計学の手法が使える。対象となる母集団（たとえば1万人）から、何らかの基準や主観を排してくじ引きをするように標本（たとえば500人）を選ぶ方法が無作為抽出法である。これにより、標本を調べるだけでかなりの精度で母集団の推計を行うことができる。しかしながら、時間や空間の範囲を絞ったうえで記述説を満足させるような質の高い分析

18　単位同質性の仮定は、「異なる観察単位の独立変数が同じ値をとるときに従属変数の期待値も同じになる」と考える。それに対して効果一定は、「因果的効果が一定であるとだけ仮定する」ものである（キングほか 2004, 111）。

をするためには，無作為抽出のような選択法はまず不可能である。なぜなら，そもそも範囲を絞ると母集団の数が限られてくるうえに，標本となる事例を選ぶとしても，その数は——研究者の時間的・能力的制約から——限定せざるをえないからである。仮に母集団が100事例あったとしたら，10以下の少数事例（標本）をしてかなりの精度でその母集団を代表せしめるという選択方法は，おそらく存在しない。

そこで本書が提案するのが，「事例の全枚挙」——歴史学的に言えば，「通史分析」——である。本書は第1章で，イシュー・時間・空間に限定された一般化を行うこと，「中範囲の理論化」を目指すことを目的として掲げた。ここでは，その限定された範囲内で，「構造化，焦点化された比較の方法」を，す・べ・て・の事例に適用することを奨励したい。これは先述したR. K. インによる分類では「長期的研究事例」（Yin 2009）に該当するが，事例を単一とはせずに，時間が変われば同種の事例は複数としてカウントすることになる。

以下に示した図4-1と図4-2，および図4-3は，上記の方法で事例を選択する際の概念図である。それぞれの図は，図1-1（38頁）の一部分だけを切り取って，クローズアップしたものである。前二者は全枚挙となっておらず，したがって標本の選択にバイアス（sample selection bias）がかかっていることを意味している。

図4-1は，四角で囲まれた，灰色の事例だけ選択した結果を表している。全体的な傾向としては，上昇していく回帰直線が引けるはずである。それにもかかわらず，ほとんど上下に変動のない事例を選択した結果，最小二乗法による回帰直線は水平になってしまっている。また図4-2も，同じく灰色の事例だけ選択した結果である。ただしここでは全体的な傾向と同じような，右上がりの回帰直線が引くことができるかもしれない。しかしこれは偶然そうなっただけであって，事例選択の偏向は否定しようがない。したがって，図4-1，図4-2のような選択事例の恣意性を避けるためには，ある時代区分を分析対象期間として決定したのちに，図4-3のような事例選択を行わなければならない。図4-3も図4-1と同様，四角で囲まれた事例のみ選択しており，その前後は考慮外となっている。しかしながら当該期間内においてはす・べ・て・の事例を選択しており，そこに標本選択のバイアスは生じていない。

3 事例全枚挙　　　115

図 4-1　事例選択にバイアスがある例 1

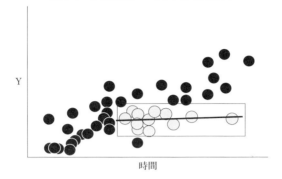

図 4-2　事例選択にバイアスがある例 2

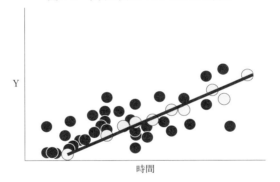

図 4-3　事例の全枚挙

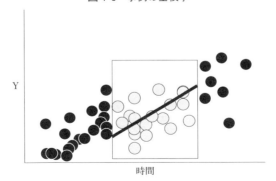

では具体的には，どのような社会現象に分析の焦点を当てるべきだろうか。もちろん基本的には，事例の選択は個々の研究者の問題意識に委ねられるべきものであるが，たとえば筆者の専門とする日本外交の分野では，次のような事例を複数のそれとして扱うことができるだろう。沖縄返還交渉の通史や，幾度にもわたった日米安保改定交渉史，あるいは近隣アジア諸国との国交回復外交史などである。沖縄返還（1972年に実現）などは結果がひとつであり，時代区分と事例の複数化には問題が生じてくると思われるかもしれない。しかしこのような場合は，実現しなかった結果も事例に含めることで，事例間比較が可能になる。日本政府による沖縄返還の要求は，すでに主権を回復した1952年から潜在的に存在していた。したがって沖縄返還が実現した要因を明らかにするには，1952年から1972年までの期間，日本が米政府に返還を求めて拒否／受諾された個々の政策過程——1957年の岸・アイゼンハワー会談をめぐる政策過程や，1962年における琉球立法院の施政権返還決議に至る政治，などが候補となろう——を，すべて分析する必要がある。

　この点，沖縄返還交渉に関する外交史の実証研究において，当初は1960年代の沖縄問題を研究していた日本外交史家の河野康子が，あとがきに記した次の一文は興味深いものである（河野1994, 304）。

　　戦後初期から60年代までを見通したうえでなければ，沖縄問題の全体像は描けないし，池田・佐藤内閣期（1960年から72年——引用者）以後の政治現象も把握できないのではないかと考えるようになった。

　これはまさしく，「構造化，焦点化された比較の方法」と，「事例全枚挙」が，自らの研究目的に必要であったことを含意しているからである。

　もちろん本書は，事例の全枚挙がつねに可能であると主張しているわけではない。新たな資料公開や根気強い調査によって，従来見過ごされてきた事例が発見されることもあるだろう。そのような新事実の発見は，歴史研究の醍醐味でもあるし，記述説の最たる特徴とも言える。つねに事例を発見する努力を怠るべきではないことは，いくら強調してもし過ぎることはない。

分析対象範囲の問題

　どのような事例を選択すればよいのかという問題とともに，どこからどこまでの時代を分析対象期間とするのかといういわゆる「範囲条件（scope condition）」（Walker and Cohen 1985; Goertz 2006, 193-95）もまた，慎重に定める必要がある[19]。上に述べた沖縄返還や日米安保改定は，明確な「ゴール」があるので分析対象となる時期を比較的確定しやすいが，そうでない事例においては，なぜこの時期を選んだのかという疑問に対して，説得的な根拠が必要となる。これには確定された方法論はないものの，何らかの構造変化を経験した時代で区切って，その期間内における全事例を分析するのが最も現実的だろう。たとえば冷戦期間における，「雪解け期（1955-58）」「危機の時代（1958-62）」，「デタント期（1969-79）」「新冷戦期（1979-85）」や，「戦後における固定相場制の時代（1955-73）」「アジア通貨危機から世界金融危機のあいだ（1997-2008）」といった，構造的な変化の前後で分析対象期間を区分すれば，その構造変化自体の影響を取り除いたかたちで，個々の事例分析ができる[20]。

　たとえば筆者の，戦後日本によるアジア地域主義に関する研究の分析対象期間は，1952年から1966年であった（保城 2008）。この期間を範囲としたのは，以下の理由による。始まりは戦後日本が主権回復を成し遂げた年であり，ここから正式な日本の外交活動が可能になった。また終わりを1966年としたのは，事前調査の結果，それ以降20年以上ものあいだ，日本はアジア地域主義を外交政策として打ち出さなかったことが判明したからである。その20年間で，日本は急速な経済成長という大きな構造変化を経験していた。そのために1966年以前と，それ以後の時代との比較は適切ではないと判断した。同時に，資料アクセスの問題も理由のひとつであった。1970年代，80年代の政府内部資料の公開はそれほど進んでいなかったため，記述説を満足させることはできないと考えた。70年代以降の分析は，将来の研究課題としたのである。以上

19　より正確には範囲条件は，空間的・時間的な範囲という概念を超えたものであり，どの事例を入れて，どの事例を排除することが理論の検証につながるかといった，「単位同質性」の考えに近い。

20　ただし上記の冷戦期間での区分では，「米ソ間の緊張関係の無有がアメリカの軍事行動にどのような影響を及ぼしたのか」，という問いには答えることができなくなる。そのためにはむしろ，構造変化を取り入れた広い時期区分が必要となる。

の筆者の経験から言えることであるが，分析対象期間はこのように最初から定まっているわけではない。その枠組み自体が，研究が進むにつれて変転する作業仮説なのである。この点，社会学者のC.C.レイガンも同じように，事例志向研究の対象となる母集団は可変的であり，その意味で作業仮説であると指摘している（Ragin 2000, 53）。

事例を全枚挙する利点

以上本章が示した「事例全枚挙」は，次の三つの利点を持っている。

第一に挙げられるのは，すべての事例を分析することで，帰納法がはらむ問題のひとつを解決できる，という点である。われわれは前章において，帰納主義批判の論理を見た。それは，観察可能な事例は無限の広がりを持っているために，有数の単称言明から普遍言明への一般化は正当化できない，というものであった（帰納的飛躍）。ただし本書は第1章で，歴史分析から理論を形成するための条件も述べた。それはイシュー・時間・空間に限定された一般化を行うこと，「中範囲の理論化」を目指すことであった。ここにおいて，帰納的飛躍への批判をかわす道が開けるのである。つまり時間や空間を区切るとすれば，観察可能な事例の数は自ずと有限数になる。その有限数をすべて分析対象に含めてしまえば，既知の事例から未知の事例への一般化という帰納的飛躍を行うことがなくなる。したがって，恣意的な事例選択という批判もクリアできるだろう。

事例の全枚挙の利点として第二に挙げられるのは，これにより事例選択のバイアスをある程度回避できる，という点である[21]。無作為抽出は，母集団の数が大量であり，それを代表する標本を選ぶ際に力を発揮する方法であった。それに対して，事例の全枚挙は，母集団そのものを分析事例とするために，標本を選んでくる必要性がなくなることを意味する。つまり抽出するという行為自体が消えてしまうので，標本選択バイアスは生じようがないのである。

そして第三の利点として，中範囲という限定化，とくに時間の限定がなされたうえで，その範囲内にある事例をすべて扱うということは，それら複数事例

---

21 ここで「ある程度」としたのは，まだ残された問題が存在しているからである。その残された選択バイアスの問題は，次項で論じる。

におけるさまざまな変数の影響をある程度コントロールできることを意味する。たとえば1961年の英国マンチェスターの社会状況と，翌年のそれとは，住宅環境や経済状況，地方政治リーダーの顔ぶれなど，大規模な変化は経験していないはずである。したがって，もし両年で分析に値する事例が存在した場合，政治経済状況などの諸条件は一定という前提を置くことができる。そのうえで，前年になくて（あるいはあって），翌年にあった（なかった）変数は何かと問うことは，その事例の因果関係を明らかにするための重要なステップとなる。つまり「ほかの条件を一定として」という，実験的な手法と類似した比較分析が（完全とは言えないまでも）可能になるのである。

従属変数からの選択という問題

以上のような利点を持っているものの，事例全枚挙というやり方はしかし，事例選択のバイアスを完全になくすことはできないことも指摘しておかなければならない。

現在では広く知られている定性的研究における事例選択の手法として，独立変数，すなわち仮説に即して事例を選ぶという考えがある。これは統計学の知見から導き出されたもので，それを普及させたG. キングらによれば，従属変数，すなわち結果に分散を持たさなければ，選択バイアスを持つ危険が生じるという（キングほか2004, 第4章第3節）。仮にある研究者が，日本・韓国・台湾といった北東アジア諸国の経済発展を可能にした要因は何だったのか，という問いを立てたとしよう。その問いに答えるために，彼／彼女はそれら上記国家群の緻密な事例分析を開始する。最終的には，さまざまな輸出促進政策が経済官僚主導のもとでとられていたことが，希有な経済発展の要因であった，という結論に達したとする。そのような政策には，為替管理や複数為替レート制，輸出産業に対する補助金や外貨割り当ての優遇などが含まれていた（ジョンソン1982; Amsden 1992; 世界銀行1994; Wade 2004 など参照）。

以上のような結論は一見説得的なように思われる。ただし彼／彼女らが下した結論は，成功例の事例分析のみから導き出されるものである。つまり従属変数に，成功か失敗かという散らばりが存在しない。そのために，上記北東アジア三カ国以外の国で，同様の政策がとられているにもかかわらず経済発展に成

功しなかった国が多数あれば、その結論は弱いものにならざるをえないのである。究極的には、これら三カ国のみが例外である可能性、ほかの要因が影響を与えている可能性は否定できない。これがキングらの指摘する選択バイアスであり、独立変数——この例の場合はさまざまな輸出振興政策の存在——から事例を選択すれば、このようなバイアスは生じない。

　しかしながら前章で論じたように、本書はアブダクションという推論の方法を採用している。そのために、自ずと事例は従属変数から選ぶことになってしまう。あらためて述べるとアブダクションとは、まずは問題が観察され、その問題を引き起こしている原因は何かと問い、さまざまな作業仮説を立てては消し、それを繰り返して最終的に最も適当と考えられる結論に達する方法であった。したがって、アブダクションを使用するならば、その論理的帰結として、事例は従属変数（結果）から選択せざるをえないのである[22]。果たして、本書の方法ではキングらの警告を回避できないのだろうか。

　この点に関しては、二つの観点から擁護、あるいはキングらの事例選択方法に反論が可能である。

　それは第一に、前章で述べたようにアブダクションと仮説演繹法とは、もとより異なった推論の方法であり、その目的も異なっている、という点である。後者は仮説の検証がその主な目的であった。とくにキングらの推奨する手法は、ある独立変数の平均的な効果（average effect）を検証するという、計量手法から導き出されたものであって（Mahoney 2010, 132）、当該独立変数の「てこ比（leverage）」を高めることが推奨されている。上記のような選択バイアスが問題となるのはそのためである。それに対し、前者は仮説の発見を重視する推論の方法である。つまりアブダクションは、質の高い事例内分析を通じて、必要条件や因果メカニズムを明らかにするのにふさわしいものであって、それがほかの事例をも広く説明できるかどうかは、主としては問わないのである。キン

---

[22] 実際に起こった結果が問題関心になる場合が多いだろうが、起こらなかった結果が変則的であり、分析の対象になる可能性もありうる。たとえばASEAN原加盟国（インドネシア、シンガポール、タイ、フィリピン、マレーシア）は、ほとんどすべての国が目を見張るような経済発展を成し遂げているのに、フィリピンではそれが遅々として進まないのはなぜだろうか、というリサーチ・クエスチョンを立てることに意味はあるだろう。

グらに批判的な D. コリアーらは，事例——彼らの用語では，観察——に対する扱いにおける両者の違いを「データセット観察（data-set observation）」と「因果プロセス観察（causal-process observation）」との違いだと論じている（Collier et. al 2010, 184-88）。すなわち前者は，標準的な定量的研究で使用されるもので，多数の変数同士の関係を検証することを可能にするが，相対的に希薄な（thin）分析になる。それに対して後者は，観察された情報を逐一因果関係のプロセスと結び付けていくというやり方であり，厚みのある（thick）分析ができる。この分類はそれぞれ，仮説演繹法とアブダクションの取り扱う事例に相応するものである。

このようにそもそも推論の方法が異なると述べて議論を終わらせることもできるが，本書ではキングらの指摘を，より生産的な方向に利用したいと思う。すなわち第二に，ここでは二段階の時間差による事例選択法を採用することを推奨したい。まずアブダクションと次章で論じる「過程構築」による緻密な事例内分析によって，ある現象の諸要因を導き出したとする。これが一段階目である。そしてその時点で満足して分析を終了させるのではなく，さらに次の点を検討する。すなわちそれは，アブダクションによって明らかにされた諸要因が，分析範囲内において存在したにもかかわらず，結果につながらなかった事例があるかどうか，という点である。存在していれば，同じ結果がなぜ生じなかったのかという新たな問いを立て，それをひとつの事例として，再び事例内分析を行うのである。これはつまり，独立変数からの事例選択にほかならず，キングらの指摘する選択バイアスはもはや問題にならない。実際の例は次章第3節で具体的に論じることになるが，これによって（区切られた範囲内での）必要条件のみならず，十分条件も考察が可能になるのである。

おわりに

ある仮説や理論の構築・検証のために，どのような事例を選択すればよいかという問題に対しては，いくつもの考えが存在している。おそらく近い将来に，これに関する統一見解というものが出されることはないだろう。

本章では，まず単一事例のメリット／デメリットを論じた後に，そこからの

理論の構築は困難である，という結論に達した。そしてジョージらの「構造化，焦点化された比較の方法」を土台として，時間的な限定の中での事例を全枚挙することを提唱した。さらには，従属変数から事例を選ぶことによるバイアスを解決するために，二段階の選択法があることも論じた。言うまでもなく本章の「事例全枚挙」もまた，数多くある事例選択方法のひとつに過ぎず，このやり方が最も優れていると主張するものではない。ただし事例の全枚挙を行うことは，本章で論じたようにいくつかのメリットがあり，また通史分析という，歴史的な手法とも整合的であることは強調してもよいだろう。

　「構造化，焦点化された比較の方法」と事例の全枚挙によって，分析すべき事例が特定できた。次の作業は，どのように当該諸事例の因果メカニズムを明らかにし，そして最終的に理論化につなげていくかである。

　次章では，その具体的な方法に踏み込んでいく。

第 5 章
過程構築から理論化へ

はじめに

「構造化，焦点化された比較の方法」と事例の全枚挙によって，分析すべき事例を特定することができたなら，次は当該諸事例を記述的に明らかにし，さらにその因果関係を解き明かすという作業に移る。多くの研究者はその際に，「過程追跡 (process-tracing)」によって事例を分析することを提言している。しかしながら仮説をあらかじめ設定して「過程追跡」を行うこと，換言すれば理論の検証のために過程を追跡することには，序章で述べた「プロクルーステースの寝台」問題が絶えずつきまとってくる。

そこで本章は，歴史分析に則って過程を一から積み上げていく「過程構築 (process-creating)」を提唱する。そしてこの手法で明らかになった諸要因を抽象化した後に，体系的な事例間比較を通じて，最終的な理論化につなげていくことになる。

1 過程追跡という手法

前章までに解説したアブダクションと「構造化，焦点化された比較の方法」，および事例の全枚挙などによって，分析するべき事例が特定できたとしよう。次の作業は，どのように当該諸事例を明らかにし（記述説），さらにそれらの因果関係をも解明するかである（因果説）。

この点，定性的研究を行う多くの研究者は個々の事例を「過程追跡」によって分析することを提唱している。「過程追跡」とは，原因（独立変数）と結果（従属変数）のあいだに介在する，因果の連鎖およびメカニズムを解明する手法のことである。たとえば政治現象の分析としては，制度などのさまざまな要因のうち，どれが政策決定者に注意を向けさせるのかを明らかにし，それらの要因が最終的にどのように決定と行動に至るのか，その過程を追うことに注力することになる (George and McKeown 1985, 34–41; Collier 2011; ジョージ＆ベネット 2013, 第 10 章; Beach and Brun Pedersen 2013)。ジョージら自身，この手法を歴史学から借りてきたと述べているように，これは歴史研究者にとっては

何ら斬新な方法ではないだろう。ただし後述するように，歴史研究とジョージらの「過程追跡」との大きな違いは，前者が事例そのものの過程を明らかにしていくのに対して，後者は理論が観察より時間的に先行するという点である。そして同じく後述するように，理論を検証するために「過程追跡」を行う限り，序章で述べた「プロクルーステースの寝台」問題は回避できない，というのが本書の立場である。

ベイズの定理と過程追跡

歴史分析と過程追跡の違いを論じる前に，後者を先に詳しく見ておこう。A. ベネットによれば過程追跡は，ベイズの定理が示す論理と親和的であるという (Bennett 2008)。ベイズの定理とは，ある問題に関して，前もってわれわれが持っている仮説の事前確率が，何らかの新しい情報を得た後にどのように更新されるかを示した定理である (ショート解説 5-1 を参照)。比較的単純なかたちでは，以下の数式 5-1 のように定式化される (Howson and Urbach 2006, 21-22; Beach and Brun Pedersen 2013, 96)。

$$P(h|e) = \frac{P(e|h)P(h)}{P(e)} \qquad \text{(数式 5-1)}$$

ここで P は確率 (Probability)，h は仮説 (hypothesis)，e は証拠 (evidence) をそれぞれ示している。左辺の $P(h|e)$ は，ある問題に関する仮説の事後確率を意味している。つまり資料やインタビューなどの証拠を得た後に，当該問題の因果メカニズムの確からしさについて，われわれが抱いている確信の程度が，$P(h|e)$ で表現されているのである。h と e のあいだにある傍線（|）は，「e に条件づけられた h」，つまり e が存在した場合に，h はどのような値になるのか，ということを意味している。したがって，h と e に全く相関が存在しなければ，$P(h|e)$ は $P(h)$ と同値になる。その $P(h)$ は証拠を集める前の，われわれが持っている仮説の確信の程度と言うことができる。このような仮説に対する事前の確信の背景には，すでに存在する理論や実証研究，あるいは自分自身が培ってきた予備的知識などがあるだろう。また，右辺の分母 $P(e)$ はある証拠が得られる見込み（確率）。分子 $P(e|h)$ は仮説に条件づけられた，証拠

> **ショート解説 5-1　ベイズの定理と3囚人問題**
>
> 本文とは直接関係ないものの，ベイズの定理で有名な小話をひとつ紹介しておこう。3人の死刑囚 a, b, c がある刑務所で服役している。この3人のうち，1人だけが恩赦されることになり，残りの2人には予定通り近い将来，死刑が執行される。誰が恩赦されるかを知っているのは看守だけである。ある日，「b と c のうち，死刑になる人物を教えてほしい」と囚人 a が看守に持ちかける。看守は少し考えたすえに，a に関する情報ではないから構わないと判断し，「b は確実に処刑される」と囚人 a に答える。それを聞いた a は，死刑になる確率が 2/3 から 1/2 へと下がったので，小躍りするのである。
>
> 果たして，a が下した結論は正しいだろうか？ 看守は余計な情報を囚人 a に与えてしまったのだろうか？ 囚人 a にとっては残念なことに，それはぬか喜びであった。なぜならベイズの定理によれば，囚人 a が死刑になる確率は，2/3 で変化しないからである。その理由の公式な解法は専門書（市川 1998 などを参照）に譲るとして，この問題を直観的に考えてみよう。
>
> 3囚人のうち，2人は必ず死刑になるということは前もってわかっている。つまり b か c どちらかが死刑になるという情報は，すでに a にとって既知なものであった。したがって，「b が処刑される」という情報は，囚人 a の事後確率に何ら影響を及ぼすものではなく，囚人 a が処刑される確率は 2/3 のままで変わらない。ぬか喜びであったのはそのためである。ちなみに興味深いことに，囚人 c が処刑される確率はベイズの定理によると，この看守の情報によって，2/3 から 1/3 へと下がる（！）。

が得られる見込み（確率）である。$P(e)$ が分母にあるということは，ある証拠が得られる確率が高いか低いかで，事後の仮説に対する確信の程度 $P(h|e)$ が上下することを示している。

具体例を挙げよう。一般的に定説とされている仮説——たとえば，ケネディ大統領を暗殺したのは，L. H. オズワルドだったという仮説——にとって有利で，発見されることが当然視されている証拠が出てきたとしても，それはあまり事後確率 $P(h|e)$ には影響しない。なぜなら，そのような証拠が発見される確率（$P(e)$）——この式では分母——はそもそも高いからである。分母（$P(e)$）が大きければ，いくら自分の仮説に有利な証拠が次々と出てきて P

($e|h$) が上昇したとしても，結果の数値はあまり変動しない。反対に，ケネディ暗殺は L. B. ジョンソン副大統領によるクーデターであった，というセンセーショナルだがあまり一般に認められていない仮説があったとしよう。その際，ジョンソンがケネディ暗殺を指示していたという驚くべき証拠が見つかったとする。つまり，見つかる確率（$P(e)$）が非常に低かった文書が発見された。そうであれば，ジョンソン陰謀説の確からしさ，事後確率 $P(h|e)$ は急上昇することになる。

　資料調査やインタビューなどを通じて新たな証拠を得ることによって，事前に想定していた仮説が更新されていくさまが，以上のようなベイズの定理によって示される。

　さらに対抗仮説を導入し，自分の仮説との尤度比（likelihood ratio：もっともらしさの比）を示した式は，以下の数式5-2のようになる。

$$P(h|e) = \frac{P(h)}{P(h) + \frac{P(e|\neg h)}{P(e|h)} P(\neg h)} \quad (数式5\text{-}2)$$

　ここで（$\neg h$）は対抗仮説である。第3章第3節（92頁）で紹介したように，"$\neg$"は，否定を意味している。尤度比は右辺の分母にある $P(e|\neg h)/P(e|h)$ で表現されており，これは対抗仮説が正しいときにそれを裏付けるような証拠が見つかる確率と，自らの仮説が正しい場合にその証拠が発見される確率との比である。もし自分の提示した仮説 h が正しければ，それを支持する証拠 e が出てくる可能性は高いだろうと考えられる。そのような自説を裏付ける証拠が多ければ多いほど，われわれの事後確率 $P(h|e)$ は上昇する。上記の例では，オズワルドの計画メモが発見されたり，彼が一人で銃を購入した場所などが特定されたりした場合，ケネディ暗殺はオズワルドの単独行動である，とするわれわれの仮説のもっともらしさは高まる。逆に対抗仮説（$\neg h$）であるジョンソン副大統領の陰謀説を支持する証拠が多く発見されたならば，われわれの仮説の確からしさ $P(h|e)$ は低くなるだろう。そのような証拠にはたとえば，オズワルドとジョンソンとの関係をほのめかすような文書や，ケネディ暗殺前からジョンソンは自分が大統領になった際の計画を詳細に描いていた，といった

間接的な証拠などが考えられる。

　先述したようにA. ベネットは, このようなベイズの定理と過程追跡の方法は類似していると主張する。なぜなら過程追跡もまた, 仮説／理論と観察／証拠との絶えざる交流であり, 新たな証拠によって自らの仮説や理論を変化させる可能性がつねに存在するからである。このようなアプローチは, 本書の提唱するアブダクションにきわめて近いと言えるだろう。しかしながらこのような性質を持つ過程追跡の手法ではあるが, それが理論の検証に使われるならば, ひとつの重大な問題が生じてくることになる。

理論志向「過程追跡」の問題点

　D. ビーチとR. B. ペデルセンによれば, 過程追跡には三つの形態 (variants) があるという (Beach and Brun Pedersen 2013)。その三つとは, 理論を検証する (theory-testing), 理論を構築する (theory-building), そして結果を説明する (explaining-outcome) 過程追跡である。

　初めの理論検証型過程追跡は, ある事例における原因と結果が明らかであり, またその因果メカニズムも何らかの仮説や理論によって, ある程度説明できると考えられているときに使用される。当該事例において, 仮説が説明する因果メカニズムがたしかに存在しているかどうかを検証することが, その目的である。

　第二の理論構築型過程追跡は, 次の二つの状況下で力を発揮する。(1) 原因と結果に相関があることは知られているが, 理論の不在によりその因果メカニズムは明らかになっていない場合, (2) 結果はわかっているが, それを引き起こした諸原因が未知の場合, である。ただしビーチらは, この二つ目の形態の過程追跡は, 明確なガイドラインの不在により, ほとんど使われてこなかったと述べている (Beach and Brun Pedersen 2013, 16)。

　そして最後の結果を説明する過程追跡は, その名称が示している通り, 事例 (結果) の諸原因を明らかにすることを目的とする。過程追跡について述べてある解説書や論文は前二者, つまり理論志向的な過程追跡の重要性を強調するものの, 実際のところほとんどの研究者は過程追跡を, 第三の意味で使用しているとビーチらは論じている。

ショート解説 5-2　プロスペクト理論

ある状況下において，ものごとがうまくいっていると考えている場合は，われわれはあえて大胆な行動をとることはない（リスクを回避しがちである）。しかしながら何かを失うかもしれないと考えた場合に，ある程度の実現可能性があれば，その損失を回避するために人間はリスクをいとわない行動に出る。プロスペクト理論は，このような人間の性向と意思決定を説明した理論であり，その提案者の一人である D. カーネマンはノーベル経済学賞を受賞している（Kahneman and Tversky 1979）。

プロスペクト理論は経済学における期待効用理論の代案になりうるものとして，大いに注目されてきた。また政治学においても，外交政策決定論の中で近年多くの研究者によって取り上げられている（たとえば，Political Psychology 1992, 2004）。本文で述べているハースの研究も，そのような流行の波に乗ったひとつとして位置づけることができる。

このうち第一の形態，すなわち仮説や理論の検証を過程追跡アプローチで行うことには，本書は同意できない。なぜなら理論検証型では，第二の意味の「プロクルーステースの寝台」問題（12頁のショート解説0-2），すなわち資料の取捨選択問題が浮上することは避けられないからである。この問題は多くの政治学者によって，比較的軽視されてきたように思われる。あるいは，そもそも理論検証型過程追跡というアプローチの存在自体が，「プロクルーステースの寝台」問題が軽視されてきた事実を物語っている。たとえばS. ヴァン・エヴェラは定性的研究の方法論を扱ったテキストの中で，「過程追跡」による仮説の検証法を，政策決定者の日記・回顧録・文書などの中に，仮説を証明するものがあるかどうかを探すこと，と述べている（ヴァン・エヴェラ 2009, 67）。これは換言すれば，仮説を裏付けるような言説が一次資料の中から発見できれば，それは過程追跡で検証できたということになる。このような理論検証型過程追跡が，あまり説得的ではない結果を生むことを，われわれはいくつかの研究で見ることができる。その典型的な例として，ここではプロスペクト理論を駆使してキューバ危機を論じた M. ハースの研究を挙げておこう（Haas 2001）（ショート解説5-2を参照）。

プロスペクト理論とキューバ危機

1962年10月，キューバに向かうソ連の軍事資材を積んだ輸送船に対して，アメリカ政府は海上封鎖という決定を行うことによって，核戦争の危機を回避することに成功した（キューバ危機）。このようなホワイトハウスの選択はどのように説明できるのだろうか？　ハースによれば，この事件はアメリカの威信などが失われかねない状況をもたらした。つまり何かが失われる状況に陥っていたアメリカが，リスクをいとわない政策を打ち出す可能性は高かった。ただしキューバに対する奇襲的攻撃を選択すれば，ほとんど確実に現状より失われるものが多かった。つまり成功する確率を高く見積もる可能性は，ほとんどなかった。そのような判断の結果，リスクはあるものの，最もそれが小さい政策——海上封鎖——をケネディ大統領は選択した。この決定は，まさにプロスペクト理論が予言するものである。そして自らの主張——プロスペクト理論でアメリカ政府の決定が説明できるという主張——の正しさをハースは，ケネディ・テープを引用することによって確認するのである（Haas 2001, 258-60）。

ケネディ・テープとは，ホワイトハウスの大統領執務室と閣議室に大統領自身がテープ・レコーダを設置し，ほかのメンバーに内密に討議内容などを録音していたテープのことである（May and Zelikow 1997; Stern 2003）。つまりこの記録は，キューバ危機の際のアメリカ政府内における政策形成過程を，かなりの精度で知ることを可能にした，第一級の資料であると言える。ただしこのような政府内部資料を使っていながら，ハースの過程追跡の方法とその結論には，次の理由により疑問符を付けざるをえない。

その理由とは第一に，ケネディ・テープの中から，自分の理論にとって都合の良い箇所を恣意的に取捨選択している点である。ハースの論文では，ほんの数回のケネディ大統領の発言が取り上げられているに過ぎず，恣意的な資料選択を行っている印象は拭えない。

第二に指摘できるのは，自らの理論でキューバ危機という事例をすっきりと説明するために，政策の選択肢を少数しか考慮していない点である。G. アリソンらの研究によれば，キューバ侵攻という最も攻撃的な政策を含む，六つの選択肢がホワイトハウス内で議論されていた（Allison and Zelikow 1999, 111-

20)。これに対してハースが検討したのは、三つのみである。つまり現実を忠実に描いているわけではないのである。

　そして第三に挙げられるのは、この危機に対応するためにエクスコム（Ex-Comm）と呼ばれるおよそ二十人からなる外交・軍事の専門家が招集されたが、大統領の意見と結論が、あたかもエクスコムメンバーの総意であったかのように論じている点である。つまり大統領個人のみに焦点が当てられているにもかかわらず、まるでそれがアメリカの決定を代表しているかのように論じられているのである。換言すれば、エクスコムのメンバーが、どのような意見変遷を経て最終的に海上封鎖という結論へ至ったかといった、政策形成過程の分析が、この研究ではほとんど抜け落ちている。

　以上のような検証法であれば、どのような仮説を立てようとも、膨大なケネディ・テープの中から当該仮説に沿った発言を見つけてくることは、決して困難なことではない。大統領の発言がいつ、どのようなタイミングでなされ、それがどのように政策へとつながったのかを示さない限り、実際の政策形成と大統領発言との関係は不明なままである。つまり一次資料を利用しているとしても、それが前もって立てた仮説や理論の検証という目的に使われる限り、ハースの犯した誤りは避けられないと思われる[23]。

　端的に言えば、このような分析は文脈（context）を欠いているのである。自分の仮説に合った証拠に飛びつく——いわゆるチェリー・ピッキングをする——のではなく、新しいデータが発見されたら、絶えず仮説の再修正を試みよ、というジョージらの戒告にもかかわらず（ジョージ＆ベネット 2013, 105, 113-14, 168; Beach and Brun Pedersen 2013, 123）、過程追跡アプローチは、それが理論の検証に使われる限り、このように都合の良い解釈がなされる可能性をつねに内在しているのである。

　ただしこのような警告を発しているジョージら自身も、実はその立場は確固としたものではないことを付言しておいてもよいだろう。新たな証拠に従って仮説を再修正せよという彼らの助言は、本書の推奨するアブダクションと同じ

---

[23]　ちなみに、上記のようなハースの研究に批判的な筆者らは共同研究において、ケネディ・テープに残された6日間にわたるエクスコムの議事録から各政策決定者の認知構造を抽出し、マルチエージェント・シミュレーションによって再生させた（阪本ほか 2012）。

ものである。ただしジョージらは，自らの「過程追跡」を歴史的手法と比較する際には「理論的問題意識」を強調し，独立・介在変数は特定させておくことを訴える（George and McKeown 1985, 45; Bennett 2005, 32; ジョージ＆ベネット 2013, 253）。これはつまり，理論検証型の過程追跡にほかならない。このようにジョージらの態度には，社会科学者に対する際と歴史学者に対する際とにズレがあり，必ずしも一貫していない印象を受ける。

　さらには，ベネットが過程追跡と親和的であると主張する上述のベイズ定理は，すでにある仮説や理論の確からしさを示すものであり，新しい理論や仮説をつくりあげる論理はそこに含まれていないことも指摘できるだろう。第3章第1節で紹介したJ. L. ギャディスによるダレス国務長官の再評価をあらためて想起してみよう（83頁）。これは事前の仮説そのものが存在しないにもかかわらず，偶然発見した一枚の文書が，新たな仮説をつくりだした例である。このような発見は，ベイズの定理の範疇外にある。

　上で述べたような例——自分の仮説に合った証拠に飛びつき，文脈を欠くこと——は実際のところ，多くの研究や報道などで見ることができる。とくに未刊行の政府文書など，比較的入手が困難な一次資料は，他人がすぐに確認することはできない。そのために，自分の仮説に都合の良い文書や，センセーショナルな文言に飛びつきたい誘惑に駆られるときがしばしばある。しかしながら自分がアクセスできる資料は，もちろん時間と手間をかければ誰もが閲覧できるということであり，いつかは反論される可能性があることを肝に銘じなければならない。そのような誘惑を退ける態度を，われわれはつねに持ち続けるべきである。たとえば，冷戦時代にアメリカ政府内部の役人が書いた資料群の中に，「ソ連に原子爆弾による先制攻撃をする予定である」という文書があったとしよう。その資料をある研究者がワシントンの国立公文書館で偶然に見つける。もし当該資料に書かれてあることが実現すれば，冷戦史に刻まれるようなきわめて大きな事件になったであろうことは明らかである。つまりその資料を公にすることによって，大きな反響を引き起こすことが期待できるだろう。しかし興奮冷めやらぬままその文書の存在を新聞社に連絡する前に，われわれは一歩立ち止まって冷静に考える必要がある。なぜならこの資料を作成したアメリカ政府の役人は，自国の政策決定に影響を及ぼさない部署や，あまり重要で

はない役職に就いている人間かもしれない。または当該資料はただの走り書きに過ぎず，実際にはアメリカ政府上層部はそのような資料の存在すら知らなかったかもしれない。

つまり当該資料の重要性と信憑性の判断——いわゆる資料批判——は，慎重に行わなければならないのである（ショート解説 0-1，7 頁参照）。アメリカの国務長官を務めた H. キッシンジャーのように，意図的に重要な記録を通常の外交文書に載せなかったり，複数の資料を用意したりして後世の歴史家を混乱させることもありうる（Isaacson 1992, 827-28）。つまりある資料が重要になるかどうかは，それをめぐる文脈や，それが作成された状況や過程などを慎重に検討しなければ判断できないのである。

2　歴史過程の構築

上記のような文脈を欠いた「プロクルーステースの寝台」問題を回避し，また記述説をも満足させるためには，ある事例における結果に至るプロセスを，始めから最後まで明らかにしなければならない。本書では，以下に示すそのような分析手法を「過程構築（process creating）」と呼ぼう。図 5-1 は，筆者の専門である政治学における過程構築，すなわち政策過程の概念図を描いたものであり，図 1-1（38 頁）や図 4-3（115 頁）などの中の，個々の事例をクローズアップしたものでもある。なお，ここでは政策過程に特化しているが，もちろん過程構築の手法は政治学の分析だけにとどまるものではない。企業や社会団体，学校といった主体とそれらの行動に対しても，ほぼ同様の考えが適用できるはずである。

現象の発端と事例の定義

まずは分析すべき事例が決まれば，その原因となる，「ある現象の発端（point of no return）」（Roberts 1996, 116）を突き止めることから「過程構築」は始まる。それ以前の出来事を観察しても，当該現象の結果には結び付いてこない時点がそれに当たる。新しい政権が発足したときがその発端である場合も多いだろうし，国際情勢や国内政治力学の変化が源流になるときもあるだろう。

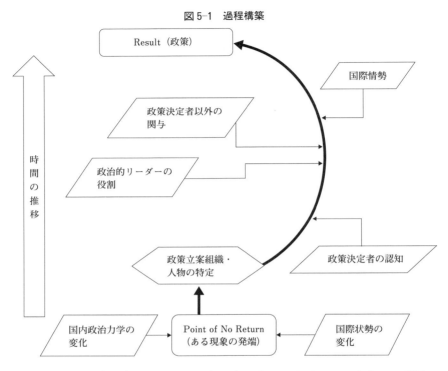

図5-1　過程構築

　もちろんこれを突き止めるのは、一朝一夕にというわけにはいかない。当時の状況や残された資料と、問題意識のあいだを絶えず行きつ戻りつし、これが発端だという確固とした根拠を見つけるまでは、その時点はあくまで作業仮説とするべきである。

　ちなみに比較政治学における歴史的制度論と呼ばれる学派の中には、いったんある選択が行われれば、政治制度がそれ以前へ戻ることが困難になる時点を「決定的分岐点（critical juncture）」と呼ぶ論者がいる。そして彼らは、その時点での偶発的な側面を強調する傾向がある（Mahoney 2001, 6-8. 岡部 2009, 第2章も参照）。本書で意味している「ある現象の発端」とは、そのような制度を形成するに至った分岐点というような構造的なものではなく、特定の政策や現象を決定づけた出来事と、それが生じた時点のことを意味している。

　そしてこの「ある現象の発端」と最終的な結果がセットになり、ひとつの事

例として定義されることになる。もちろんその際には，何らかの客観的で説得的な基準を設けて個々の事例を慎重に定めなければならない（Ragin and Becker 1992）。たとえば 1948 年から 2004 年までに発動された，アメリカによる対外軍事行動は，多湖淳によれば 228 事例存在する。多湖はその中で，1965 年 2 月と 3 月におけるベトナムへの軍事行動を別々の事例として扱っている。もちろんそれは恣意的な分割ではなく，大統領の公式な決定とアメリカ議会への公表といった，いくつかの基準に従って導き出されたものである（多湖 2009, 68-69）。

プレイヤーの特定

政策の発端を突き止めることができたならその次は，その政策に関係する人物・組織を特定する作業に移る。これは当然のことで言われるまでもないという印象を受けるかもしれないが，実はかなり奥の深いものを含んでいる。たとえば日本の対外援助政策の主管庁はどこだろうか。外務省だろうか，通産省（経産省）だろうか。もしかすると，財源を保持する大蔵（財務）省が，政策決定に参入しているかもしれない。またそれらの省の中でも，どの局，あるいはどの課であろうか。このような特定化をしない限り，ある政策の原因や目的を明らかにすることはできない。

仮に日米首脳会談後の共同声明において，日本の首相が「共産圏からアジアを守るためにわれわれは対外援助を増額する」と発言した当時の新聞記事が見つかったとしよう。この発言は一国のリーダーによるものであり，かつ相手国首脳に対する発言である。つまり当該記事は 132-33 頁で述べた例のように，重要でないポストに就いている役人が書いたものでも，あるいは走り書きでとどまったものでもない。だからと言って，この一文だけを取り上げ，それを根拠に「日本の対外援助は冷戦戦略の一環であった」と結論づけるのは短絡的過ぎる。その援助増額の政策決定に首相はほとんど絡んでおらず，当該発言はアメリカに対するリップ・サービスに過ぎなかったかもしれないからである。当然ながら政策というものは首相や大臣といった一握りのリーダーが作成するものではないので，それを扱う主な組織を把握することは，政策形成プロセスを追ううえで不可欠である。また政策形成のシステムや制度は，時が移るにつれ

て変化するものである。したがって、分析事例の時代におけるそれらの背景をしっかりと把握しておく必要がある。

ちなみに筆者は折々に、戦後日本外交の研究は政治的リーダーの役割を強調し過ぎる傾向があると指摘してきた（保城 2007; Hoshiro 2012。竹本 2012 も参照）。おそらくその原因のひとつとしては、資料的な制約が影響していたはずである。かつては日本外交を歴史的に分析するためには、資料収集を主に英米の公文書館などで行い、両国首脳や大使レベルの会談録などから、日本政府の意図を忖度・解釈するのが限度であった。つまり官僚レベルにおける政策形成過程の詳細な分析は困難であった。しかしながらそのような状況は現在、大幅に改善されつつある。それをもたらしたもののひとつは、2001 年に施行された情報公開法である。われわれはこの制度により、従来ブラック・ボックスであった日本外交における政策形成の過程を、ある程度は垣間見れるようになった。開示請求から公開へ至る時間が長いという難点はあるものの、これを利用しない手はない。

さらに日本政治における政策形成過程分析を可能にしたもうひとつは、オーラル・ヒストリーという手法である。首相や大臣といった政治的リーダーのみならず、外交官や自衛官、あるいは次官経験者といった元官僚に対してもインタビューが行われ、近年日本でもデータが大いに蓄積されつつある（御厨 2002）。たとえばこの手法を取り入れて日中国交回復の過程を分析した服部龍二の研究は、当時の外務官僚のインタビューを取り入れて日中国交回復に至る事実を浮き彫りにした、興味深い業績である（服部 2011）。服部の研究には、文献資料調査のみでは決して明らかにならなかったはずの事実が多分に含まれている。

プロセスに沿った分析

さて、分析対象となる政策に関係する人物・組織を特定できれば、彼／彼女らの関係や言動とそれを取り巻く環境を、政策形成に沿って時系列的に分析することになる。もちろんその作業の途上で、重要な役割を果たしていた関係者が新たに発見されることもあるだろうし、国際環境の変化が大きな影響を及ぼしていたことが明らかになることもあるだろう。また、政策策定（決定）者が

2 歴史過程の構築

どのような意図を持って行動したのかをつねに解釈して，因果プロセスの解明に役立てることも忘れてはならない（第2章第5節の解釈学参照）。そのような諸事実を取り込みつつ，政策形成の核となる流れを見失わないように，緻密な分析を心がける必要がある。先に指摘した理論検証型過程追跡が，仮説をもって資料に当たる検証法なのに対して，「過程構築」はあくまで原因から結果へ至る時間の流れに忠実に，現れ出る支流を次々と取り込んで大きな流れへと過程を描いていく歴史学の方法である。

このように時系列を考慮しなければ，大きな誤りを犯しかねないことになる。たとえばかつて，フランスがEEC（欧州経済共同体）へのイギリスの加盟に反対したのは，イギリスが1962年12月にアメリカ合衆国とナッソー協定を結んだからである，と広く信じられていたことがあった。この軍事協定に対して，フランス大統領であるド・ゴールが激怒したためであると考えられていたのである。ただし現在では，フランス政府の決定はナッソー協定が締結される2,3日前に行われていたことが判明している（Moravcsik 1998, 82）。このエピソードが示している通り，わずか数日間のずれが因果関係の理解を大きく変える可能性は，つねに存在するのである。

そしてもちろん，過程を構築していく際には，資料を闇雲に収集して新たな発見を偶然に委ねるのではなく，問題に対する解答への作業仮説を構築→破壊→再構築しながら，過程を積み上げていく必要がある（第3章で述べたアブダクションを想起せよ）。たとえば日本の対外援助増大に関して，経済団体の力が働いているという作業仮説を設けたなら，経済団体の発行している雑誌，新聞記事，あるいは政策提言発表などで，そのような動きをチェックする。関係者にインタビューするのもよいだろう。仮に調査した経済団体が，政策の実行以前に援助増大の提言をしていたのであれば，まずは仮説の確からしさが高まるが，そこで分析を終了させてはならない。それら団体と政治との接点が全くなければ，仮説が検証されたことにはならないからである。幸いにも，その接点が確認できるような資料———たとえばそれら経済団体の代表者が政府の諮問委員会に出席し，同様な政策提言を行っていたことが確認できるような記事や文書———が発見できたのなら，最初に設けた作業仮説のもっともらしさはかなり強いものとなる。ただしまだそれで安心してはならない。その後，外務官

僚など援助政策の政策策定者が，上記諮問委員会の決定を何ら考慮していないという趣旨の発言をしていた可能性もあるからである。その場合は，その政策策定者の発言を覆す証拠をさらに見つけない限り，自分の作業仮説——日本の対外援助増大に対する経済団体の影響力——は残念ながら棄却しなければならないだろう。また，経済団体と政策決定者との接点が，どう調査しても見つからなかった場合，つまり資料的裏付けのない作業仮説は，一時的に放棄すべきである。ここはあくまで禁欲的な姿勢を堅持する必要がある。

　以上のような作業の繰り返しを通じて，政策が形成されていくプロセスの道程は確実に狭まっていく。また，因果関係の解明に全く関係してこないとしても，当事者の生々しい人間関係や，あまり知られていなかった暗黙の人事制度などの興味深いエピソードが発見されれば，それら事実も織り込むべきである。それによって，分析事例自体の面白さが高まるだろう。そのような見（魅）せ方は，歴史分析の得意とするところである。つまりこの作業は，・事・例・そ・の・も・の・を・明・ら・か・に・す・る最も堅実な方法であるとも言える。

　以上述べた「過程構築」という手法はしかしながら，そう易々とは実践に移せないことは指摘しておかなければならない。それを実施するためには，膨大な資料を渉猟することはもちろんのこと，分析事例の時代状況や関係組織・制度・人物に対する幅広くかつ深い予備知識の取得が必要不可欠である。また政策形成の過程を一から築き上げる以上，先行研究に対する仮借のない批判的姿勢が求められる。ただしそのような困難な作業を成し遂げることでわれわれは，「過程追跡」アプローチにありがちな資料選択の恣意性を回避することができる。つまり，個々の事例の全体像を歴史的に明らかにすることができるのである。

3　抽象化，比較分析から理論化へ

　「過程構築」が終了すれば，理論構築までに残された作業はそれほど多くない。

　われわれは以上において，構造的な問いによって分析事例を特定したうえで，各事例の結果に至る過程を詳細に明らかにした。そのことによって，結果をも

たらしたいくつかの要因（独立変数）を抽出してきた。それらはたとえば、国務長官あるいは総理大臣の個人的なリーダーシップ、通産官僚と経団連など経済団体とのコンセンサス、隣国とのあいだで生じた国境紛争、同盟国からの直接的・間接的な圧力などだろう。理論化のためには、これら個別に記述された独立変数をさらに抽象化させて、「概念の階段」を昇り、「再記述」しなければならない（Sartori 1970, 1040-46; Roberts 1996, 62; Goertz 2006）。大統領や首相、経営者など個人的なリーダーシップはそのまま指導者の役割と捉え直すことができるだろうし、経済団体とのコンセンサスであれば、利益集団の影響力と広く解釈可能である。国境紛争であれば、国際的な緊張関係とすることができる。もちろんこのような抽象化は、特定のマニュアルがあるわけではなく、分析者個人の裁量に委ねられる。ただし注意すべきは、過度な抽象化は極力避け、一定の時間と空間に限定されたある程度の具体性を維持しなければ、説得的ではないという点である。たとえばその当時の世論が実際の政治を動かしたとしても、それを「社会規範の影響」と過度に抽象化して一般化してしまえば、実証的に分析した意味は失われてしまう。

　その後に、何らかのパターンが現れた場合、それを理論化することになる。この作業には、次に述べるような、質的比較分析の方法（QCM: Qualitative Comparative Method）や類型論（explanatory typology）が有用である（レイガン 1993; Ragin 2000; Elman 2005; ジョージ＆ベネット 2013, 第 11 章）。本書では、それらの方法を部分的に援用しながら、抽象化した要因の体系的な比較方法のひとつを提案したい。

分割表による体系的比較

　質的比較分析や類型論を展開するには、まず分割表（contingency table）あるいは属性空間（property space）と呼ばれる表に、各事例と抽象化されたすべての独立変数を格納する作業を行う。のちに解説する表 5-2（142 頁）のように、横のそれぞれの行に分析した各事例を入れ、縦のそれぞれの列に明らかにした諸原因を並べ、その中に数値（表 5-2 では○か空欄）を入れていくことで分割表は作成される。これによって、独立変数の事例間比較を体系的に行うことができる。もちろんこのような表を作成できるのは、最初に「構造的な問

い」を行っていたからである。換言すれば，従属変数――解くべき問題――をあらかじめ設定したうえで，それぞれについて複数事例の分析がなされたからである。

ちなみに類型論の基本は，理論的に導かれる原因（独立変数）とその変数がとる値をすべて列挙したうえで，多くなり過ぎたセルを消去していくことにある。たとえば，国家間がどのような場合に互いを脅威と感じるか，という問題を考えてみよう。S. ウォルトによれば，ある国がそのような脅威を感じるかどうかは，他国が持つ（1）総合的な国力，（2）（自国との）距離的な近接性，（3）（自国に対する）攻撃力，（4）攻撃する意図，という四つの要因が重要であるという（Walt 1987）。これら四つの要因を，それぞれ大中小という三つのスケールに分けるとすれば，（他国の）総合的な国力は大きく，自国との距離は中くらいで，攻撃力は弱く，攻撃的意図も小さい，などといった場合分けができる。論理的には，すべて合わせると81個（＝3の4乗）の組分けが可能となる。ただしそれではあまりにも多過ぎて理論構築どころではなくなるので，いくつかの方法によってセルを消去していく。ひとつの方法としてはスケールを大と小の2種類にすることで，組み合わせは16個（＝2の4乗）に減る。さらには，理論的にはありえないセル――地理的に離れており，国力も小さい他国が自国に対して大きな攻撃力を持つことはありえない――や，歴史上実例が存在しなかったセルを消去する。

このようにセルの数を減らした後に，残されたセルを使用して因果関係を説明していくことになる。つまり類型論は，仮説なり理論がまずあって，それらを検証していくという仮説演繹法がその土台にある（Elman 2005, 308）。しかしながらわれわれはアブダクションと過程構築によって，すでに作業仮説を織り込んだ諸要因を抽出済みであり，それ以上に仮説を加える必要はない。つまり，各事例で明らかになった諸要因のみを，分割表に含めればよいことになる。これがC. エルマンらの提唱する類型論と，本書のそれとの大きな違いである（Elman 2005, 298n19 も参照）。

表の各空間（セル）に入るのは，「ブール代数（boolean algebra）」か「ファジー集合（fuzzy set）」の2種類が考えられる。前者は0か1かの数値をとるのに対して，後者は「最も大きい（1.0）」「ある程度大きい（0.75）」「中程度

ショート解説 5-3　ブール代数とファジー集合

　ブール代数とは19世紀半ば，イギリスの数学者であったG. ブールによって提唱された，0か1か（あるいは真か偽かなど）という2値しかとらない代数のことである。この代数の概念は論理学や集合論といったさまざまな分野に応用されているが，最も有名なところでは，現在のほとんどすべてのコンピューターでこの代数（2進法）が使われている事実であろう。ただし次の例のように，0か1か，というのは極論でもあり，定義がはっきりしない概念にブール代数の論理を適用しようとすれば，問題が生じてくる。たとえば小さな砂粒が寄り集まって，砂の山になった場合，どこから砂山と呼べるのか，という境界の問題があるとする。これは0か1――つまり「砂山でない」か「砂山である」のどちらか――しか選択肢がないとしたら，答えられないものだろう。そこで「砂山ではない」「少しだけ砂山である」「やや砂山である」「ほとんど砂山である」「砂山である」のように，0か1の状態のあいだに連続的な中間の値を想定すれば，この問題は解決することができるかもしれない。このような境界が不明確なものを表現するために，20世紀後半に考案されたのがファジー集合である。その理論は現在，洗濯機などの家電製品の制御に応用されている。

　ちなみに本文で参考にした質的比較分析の方法を考案した社会学者・政治学者のC. C. レイガンは，当初は社会現象の原因や結果を表すのにブール代数のみを想定していた。しかし2値しかとらないブール代数では，中間的な値――経済的な中進国，民主主義の発展途上国など――を扱えないという批判を受けた。その結果，ファジー集合を使用した質的比較分析の方法，あるいはファジー集合からブール代数へ変換する手法などをレイガンは提唱するに至っている。そのような手法は有用であるが，集合論の知識が必要になってくるなど，本書の扱う範囲を超えてしまうため，そのままのかたちでは使っていない。質的比較分析に興味のある読者は，レイガン（1993），鹿又ほか編（2001），Ragin（2000, 2008）などを参照のこと。

(0.5)」「ある程度小さい（0.25）」「最も小さい（0.0）」といった指標をとる（レイガン1993; Ragin 2000）（ショート解説5-3を参照）。ただし後者の数値化は困難なため，ここでは比較的単純な前者を採用しよう。すなわち，結果が生じていたか否か，かつ諸原因が存在していたか否か，という2変数のみを扱う。

表 5-1　仮想的分割表の例 1

	原因 A	原因 B	結果
事例 1	○	○	○

表 5-2　仮想的分割表の例 2

	原因 A	原因 B	原因 C	原因 D	原因 E	結果
事例 1	○	○				○
事例 2	○		○	○		○
事例 3	○					○
事例 4	○	○	○			○
事例 5					○	○

　まず表5-1を見てみよう。この表は，単一事例における過程構築から導き出された原因が二つ存在する，仮想的な分割表である。表中の○は，その原因あるいは結果が存在していることを示している。数値で表せば1である（空欄の場合は0）。第3章第3節（92頁）で論じたように，原因AとBが存在しなければ結果はありえなかった，というある程度の確信を持ち，その因果メカニズムを説得的に述べることができるとする。そうであれば，原因AとBは事例1の結果を引き起こした，重要な (non-trivial) 必要条件となる。ただし第4章第1節で述べたように，単一事例のみでは理論構築に貢献することは困難であるので，複数の事例分析が必要となってくる。すなわち，これも第4章第3節で解説済みであるが，ある範囲内における事例をすべて枚挙して分析することになる。

　そのような複数事例を示したのが表5-2であり，事例は時系列に沿って並べてある。つまりここでは，事例1が最も時代の古いもので，事例5が最も新しいものである。アブダクションの論理から，五つの事例は結果から導き出されたものであり，必然的にすべての事例で結果が存在している（○がついている）ことが見てとれる。

　この表からどのようなことが言えるだろうか。

　まず指摘できるのは，原因Aが存在すれば必ず結果が起こっているので，原因Aは結果に対する十分条件となっている点である（事例5のように原因

3　抽象化，比較分析から理論化へ

表5-3　仮想的分割表の例3

	原因A	原因B	原因C	原因D	原因E	追加原因F	結果
事例1	○	○					○
追加事例1	○	○				○	
事例2	○		○	○			○
事例3	○						○
追加事例2	○	○				○	
事例4	○	○	○				○
事例5					○		○

Aが存在していないにもかかわらず結果が生じていたとしても，十分条件であることに注意）。

　ただし第二に，事例5では原因Aが存在しなくても結果が起こっているので，原因Aはこの範囲においては，必要条件ではないことが指摘できる。

　第三に，原因BやCは，それが存在すれば結果も生じているので同様に十分条件であると言えるが，原因Aに比べると全般的な強い傾向とは言えない。

　第四に，原因DやEはひとつの事例のみに現れているため，これは繰り返されるパターンというよりは，偶然起こった可能性が高い。

　そして最後に指摘できるのは，この範囲内においては，原因Aが最も重要な独立変数となっていることは間違いない点である。

　したがって，原因Aを中心に理論化／一般化を進めるべきである。ただしその前に，果たして原因Aが本当に十分条件かどうかを問う必要がある。それはひいては，従属変数から事例を選択した際に生じたバイアスを補うための作業となる。つまりこの範囲内において，原因Aが存在しても結果につながらない場合があるかどうかを，あらためて検証しなければならない（第4章第3節（121頁）参照）。その追加検証の結果，事例は二つ追加され，明らかになったのが表5-3であったとしよう。

　この表から読み取れるのは以下の諸点である。

　第一に挙げられるのは，原因Aは実は結果に対する十分条件ではなかった，という点である。なぜなら追加事例1，2ではこの原因が存在しているにもかかわらず，結果は生じていないからである。ただしそれでもなお，原因Aは

結果に対してかなり強い影響を与えていることは確かである。

第二に，原因Bは，結果が生じているときといないとき，それぞれ同数存在するため，結果に対する影響は限定される。

第三に，原因Cは，それが存在する場合必ず結果も生じているので，表5-2に引き続き十分条件であると言える。ただし結果が生じた五つの事例中，原因Cがあるのは半分以下の2事例のみなので，原因Aと比較するに，一般的な傾向としては強いとは言えない[24]。やはりここでは，原因CよりもAを重視すべきであろう。

第四に，原因DやEはやはり1事例のみなので，一過性の要因である確率はますます高まる。

そして最後に，新たな事例研究により，追加原因Fが結果を妨げている要因であることが示唆される。原因Aが存在するにもかかわらず結果につながらなかった事例には，必ず追加原因Fが存在しているからである。つまりこの分析範囲においては，結果を引き起こす原因Aと，追加原因Fとが相互に交差し，結果に影響していると結論づけることができるだろう。ただしこの場合，なぜ原因Aと追加原因Fが同時に存在すると結果が起こらないかという問題に対して，多くの人々が首肯できる説明を用意しておかなければならない。

もちろん上記の表はあくまで仮想的な一例であり，つねにこのようなパターンが得られるとは限らない。原因が複数重なって初めて結果が生じるケースなど，実際にはさまざまなヴァリエーションが存在することになるだろう。さらには，全く規則性のないランダムな要因が分割表に現れる可能性もゼロではない。そのような場合は――その確率は非常に低いと思われるが――分析範囲内では繰り返されるパターンや傾向は現れなかったことを意味するので，残念ながら中範囲の理論構築は断念しなければならないだろう。ただし上記のように分割表を作成することによって，少なくともそれがない場合に比べると，はるかに容易に体系的な比較ができることは理解できるだろう。そして以上の分割表から得られた情報を一般化し，最終的な理論化につなげていくことが可能となるのである。

---

24 ここでは詳しく立ち入らないが，仮に事例数がもう少し多ければ，二項検定（binominal test）にかけて，統計的に有意かどうか確認するという方法もある（Ragin 2000, 109-15）。

このような類型論によって、たとえば次のような理論化が可能になるだろう。

国内では積極的に推進されるべきであるという規範があるにもかかわらず、国際的な反対によって断念せざるをえない外交政策が存在したなら、これは「外圧」の影響と抽象化して呼ぶことができる。さらには、戦後日本のように近隣諸国との国交回復交渉を行っていた国家において、当時の国際環境によってそれら国交交渉の進展が大きく左右されていたことが明らかになったとする。そうであれば、当該国家の外交政策は国際構造からの影響を強く受けていたことになる。このような事例が一定の期間内で繰り返し観察されたなら——つまり分割表に頻繁に現れたなら——、外圧反応型国家やミドルパワーの限界論として理論化することが可能であろう（Calder 1988; 添谷 2005）。あるいはまた、主要な意思決定者が、過去に犯した失敗を活かして政策や方針を変更したことが確認できたのなら、「歴史の教訓」が大きな要因であったと主張することもできるだろう。この結果は、時代横断的な比較を通じて、どのような状況や条件下で、あるいはほかの要因と結び付いた際に「歴史の教訓」が有効／非有効であるのかという、「教訓理論（learning theory）」へとつなげていくことができる（Khong 1992; Levy 1994）。

つまり以上のような経年比較や類型論によって、すべての事例において相対的に重要な要因——繰り返されるパターン——を明らかにすることができる。さらには、なぜある事例においては特定の要因（あるいは複数要因の結合）が結果に影響を与えているのに、ほかの事例ではそうでないのかという問いに答えることも可能となるのである。つまり「過程構築」によって歴史分析の実証の質を保ちつつ、分析後に個別の独立変数を抽象化し、それを体系的に比較することによって、歴史分析から理論形成への道が開けるのである。

戦後日本の地域主義外交の例

最後に、本書の方法に則った筆者による具体的な研究例を挙げておく。

第4章で分析対象範囲の問題を論じた際に紹介した筆者の研究は、1952年から1966年までの日本のアジア地域主義外交の変遷を扱っている（保城 2008）。この中で筆者は、15年という期間内で、日本政府が対外的に打ち出したアジア地域協力構想が7事例あることを突き止め、それらすべての事例を、「過程

表 5-4　1950–60 年代における日本のアジア地域主義構想とその要因

事例と年	首相のリーダーシップ	米国要因	財界の影響	(戦後)アジア主義
東南アジア経済開発基金 アジア決済同盟 (1954–55)	×	○	×	○
地域開発基金 短期決済金融機構 (1955)	×	○	×	○
アジア開発金融機関 (1955–56)	×	○	×	○
アジア開発基金 (1956)	×	○	×	○
東南アジア開発基金 (1957)	○	○	○	○
？	—	新太平洋 共同体？ →×	—	—
西太平洋五カ国友好帯 (1963)	○	×	×	○
東南アジア開発閣僚会議 (1965–66)	×	○	×	○

出所：保城 (2008)

構築」によって分析した。すなわち，戦後日本政府によって打ち出された地域協力構想——アジア地域主義外交——を結果とし，それをもたらした原因を探ったのである。表5-4は，あらためてその諸事例の主要な原因と結果を，分割表にまとめたものである（ここでひとつのセルに構想名が二つあるのは，同時期にセットで打ち出されたものである）。

そしてほとんどの事例において，アメリカの援助が増額する方向へ転換するかもしれないという日本政府の過度な期待がその発端であった，というパターンが明らかになった。日本の地域協力構想は，すべてアメリカの資金援助を当て込んでいた。さらには，アメリカに資金的に依存していたものの，「アジアによるアジアのための経済開発」を行わなければならないという規範的認識が，当時日本の政策決定者のあいだで広く共有されていた。筆者はそのような認識を「戦後アジア主義」と呼んだが，アメリカ要因と，このようなアジア主義要

因とが結合して，戦後日本政府によるアジア地域主義外交が打ち出された，という結論に達したのである。このようなパターンは，ひとつを除く六つの事例で観察することができた。

　ちなみに先行する研究群においては，このような日本の構想は，「対米自主外交」の性格を有している，という主張がなされていた。とくに岸信介政権（1957-60 年）のアジア地域協力構想を事例分析することによって，岸は「対米自主外交」を推進したのだ，と結論づける研究がいくつか発表されていた。もちろんこのような見解は，単一事例分析によって導き出された結論であり，疑ってかかるべきものである。実際のところ，経年比較をした表 5-4 を見ることによって，そのような見解が序章で述べた「木を見て森を見ない」ことからくる，やや近視眼的なものであることがわかるだろう。つまり岸政権の施政下にあった 1957 年から 60 年以外の時期においても，同様の構想は繰り返し表明されていたのである。

　また，「戦後アジア主義」という条件はすべての事例で観察されており，必要条件ということができる。なぜならこの規範がなければ，日本がアジア地域にアメリカ抜きの地域枠組みを創設するという構想は生まれてこなかった，と考えられるからである。ただしそれを十分条件ということはできない。なぜなら「戦後アジア主義」は，ほとんどの戦後初期の日本の為政者が持っていたものであるが，それがあったからといってアジア地域協力構想を必ず打ち出すかと問われれば，そうではなかったからである。やはり直接の決定的な要因は，アメリカの援助政策の転換にあった。つまりこの二つの要因が結び付いて初めて，（ひとつの事例を除いて）戦後日本のアジア地域主義外交の実質的な十分条件となったのである。このような結果は，政策過程の詳細な事例内分析——過程構築——と体系的な比較を行わない限り，見えてこないものであった。ちなみにそれら地域協力構想は実際のところ，すべてが成功せずに歴史の一エピソードに終わったが，それら蹉跌の原因も筆者の研究では分析されている。

　さらには，最も重要な要因はアメリカの援助政策の転換だということが明らかになったが，その条件があったにもかかわらず，日本政府がアジア地域協力構想を打ち出さなかった事例があるかどうかも検証した（保城 2008, 第 5 章第 2 節）。これは前章で述べたように，バイアスがかかる従属変数からの事例選択

を補うための作業である。ある先行研究は，1960年代初頭にJ. F. ケネディ政権が，「新太平洋共同体（New Pacific Community）」を構想しており，日本の首相にも打診したと主張していた（表5-4の網掛け部分）。このような打診は，広く考えれば援助政策を含む，アメリカ合衆国のアジア政策の転換ということができるだろう。しかしながら政府内資料を調査した結果，そのような事実はなかったことが明らかになった。最終的に筆者は，1952年から1966年のあいだに日本政府によって打ち出されたアジア地域協力構想は，アメリカの援助政策の転換と戦後アジア主義の二点が最も重要な要因であり，実質的な十分条件であるという考えに至った。つまりこれらが，15年間で繰り返し現れたパターンであったと結論づけたのである。

このような結論は，多方面からの反論や検証がまだ行われていない点を除けば[25]，第1章の最後で示した中範囲の理論の定義と整合的である。あらためて述べると中範囲の理論とは，ある時代や地域の範囲内において，繰り返して現れる（と考えられる）個々の現象を統一的に，単純化・抽象化されたかたちで説明でき，ある程度検証もされている体系的知識のことである。すなわち筆者の研究は，歴史分析ではあるが，「中範囲の理論」を構築した研究であるということができよう（保城2008）。

おわりに

「過程追跡」は，定性的研究を行う多くの社会科学者によって使用されている方法である。しかしながら理論の検証のために「過程追跡」を行う場合，文脈を無視してしまったり，自分の理論にとって都合の良い資料を取捨選択したりする可能性，すなわち第二の意味の「プロクルーステースの寝台」問題が絶えず浮上する。その問題を回避するために本章は，歴史分析に則った「過程構築」を提唱した。またこの過程構築は，第3章で論じたアブダクションとも整合性が高いものであった。

そして「過程構築」を終了したのちに，そこから導き出された個別的な記述

---

[25] ただし見方によっては，「過程構築」によって各事例の因果メカニズムは，ある程度実証的に検証されていると考えることもできる。

を抽象化し，分割表に入れていくという作業をすることが，最終的な理論化へと至るステップであることも本章では示した。なぜならそれによって，分析範囲内での体系的な事例間比較を行うことができるからである。

　以上により，歴史分析を理論へと導くための諸条件・方法を提示するという本書の目的は果たされた。次の最終章では，これまでに論じてきた諸点を要約し，本書を世に送り出す意義を述べるとともに，その限界も示し，さらなる議論の必要性を訴える。

■終章

さらなる議論を！

本書が論じてきたこと

　社会科学と歴史学を統合するという目的を達成するために，本書ではさまざまな方法論的な考察を行ってきた。この終章ではあらためて，これまでに述べてきた論点を振り返ってみよう。その後に，本書の意義と限界を述べたいと思う。

　まず序章では，社会科学者から賞賛を得ていながらも，歴史学者からは不評であった二つの研究，『独裁と民主政治の社会的起源』と『日本政治と合理的選択』を取り上げた。この二つの研究をめぐる議論を通じて，歴史学者が社会科学者に対して抱いている不信感が明らかになった。すなわちそれは，歴史学者が積み上げてきた研究の中でも，社会科学者は自分の理論に都合の良いものだけを恣意的に取捨選択して利用する，という点であった。そのような行為を本書では，「プロクルーステースの寝台」問題と呼んだ。

　さらにこの章では，歴史研究者が陥りがちな，「木を見て森を見ない」問題に対する警告も取り上げた。自らの研究対象に埋没して全体的な理解に貢献しなかったり，あるいは全体を見ることなく狭い研究対象を普遍化したりする，歴史研究にありがちな問題である。そして社会科学と歴史学がそれぞれ抱えるこのような問題を回避するために，両者の溝を取り払う必要性がこの序章では訴えられた。そのやり方としては，一方で歴史的な実証分析を行い，他方で自ら築き上げたその実証結果でさらに理論を形成する，という順序を踏むことが示唆された。

　次の第1章では，具体的な方法論を論じる前に，どのような理論構築が望ましいのかを検討した。「法則定立的」な研究を目指す社会科学研究と，一回限りの現象に対して緻密な分析を行う「個性記述的」な歴史研究。このような一般的な区別は明確なわけではなく，両者の乖離はそれほど大きくないことがここでは指摘された。また「自然主義」と呼ばれる，時間に限定されない法則主義は果たして社会科学に適応可能か，という問いに対しては，理論が社会そのものに影響を与える三つの観点から否定的な解答が得られた。すなわちその三つとは，「予言の自己否定性」「予言の自己実現性」そして「理論の現象消失性」である。

　以上のような論点を考慮した結果，イシュー・時間・空間という三つの限定

を課したうえでの理論化——中範囲の理論の構築——を目指すことがこの章では提案された。さらには，一般化するための地域的な限定をさらに絞って，分析対象を一国の政策，一組織・集団の行動，あるいはひとつの国家間関係に限定することが——そこで生じるデメリットを認めつつも——望ましいということが，最後に論じられた。

　第2章は，「科学的説明」とは何か，という問題を取り上げた。本書では，それは三つの意味で使用されていると論じた。第一に，それは因果関係の解明，すなわち「なぜ疑問」に答えることである。これを本書では「因果説」と呼び，多くの社会科学者と一部の歴史研究者は，「説明」概念をこの第一の意味で使用してきたことを紹介した。第二の「説明」概念は，理論の統合という意味であり，これを「統合説」と本書は呼んだ。従来は別のものとされてきた法則をひとつにまとめる。そのような知的営為が「統合説」である。そして第三の「説明」概念は本書が「記述説」と名づけるもので，これは分析対象の状態や性質を記述・描写することを意味していた。「記述説」は，近年の歴史学者や，あるいは社会科学者の中でもとくに社会構成主義者が採用しているものであった。最終的には，これら三つの「科学的説明」概念のうち，「因果説」と「記述説」を同時に満足させることが本書の目的にとって必要であることを，この章では主張した。

　続く第3章では，四つの推論の方法とその長短を論じた。はじめに，観察から得られた単称言明から普遍言明へ一般化する帰納法と，すでに与えられている前提から別の言明を導出する演繹法が解説された。結論としては，帰納法と演繹法という二大推論方法は，われわれが社会を分析するには不適切であるという見解に達した。なぜなら帰納法には，「実験の不可能性」と，過剰な一般化を行ってしまう「帰納的飛躍」という問題があり，他方で演繹法には，前提が真であることと，結論が真であることを確かめる手段がないからである。

　そこで提案されたのが，アブダクションという推論の方法であった。これはある変則的な事実が観測された場合に，さまざまな作業仮説を設けて，その事実が生じた原因を探っていくという推論の方法であった。この章では，もうひとつの推論の方法である仮説演繹法と比較することによって，アブダクションの特徴が明らかにされた。

第4章では，事例選択の方法という，絶えず社会科学者を悩ませてきた問題を扱った。単一の事例を分析するだけでは理論に貢献することは困難である，という立場を本書はとっている。つまり複数事例の分析が必要となる，というのがこの章の主張である。さらにこの章では，イシュー・時間・空間に限定された中範囲の理論を構築するためには，その範囲内におけるすべての事例を分析する必要性が訴えられた。すなわち，「事例全枚挙」である。そして最後に，二段階の事例選択法を採用することが推奨された。事例の全枚挙と，その分析を終了して関心ある問題（結果）の原因を明らかにすることが，第一段階である。そして第二段階は，その原因があっても結果が生じなかった事例が範囲内で存在したかどうかを，再度問いかける作業である。その作業によって，従属変数からの事例選択という批判を回避することができるのである。

　最後の第5章では，分析するべき事例を記述的に明らかにし，さらにその因果関係を解き明かすという作業の具体的な方法が述べられている。仮説検証型の事例分析（「過程追跡」）では，「プロクルーステースの寝台」問題を回避することは困難である。そこでこの章では，ある事例における結果に至るプロセスを，始めから最後まで明らかにする必要性が論じられ，本書ではこれを「過程構築」と名づけた。もちろんこれは，歴史学が得意とする手法である。また「過程構築」は，第3章で論じたアブダクションとも親和的であることが示された。

　各事例の過程構築が終了すれば，明らかにした要因を抽象化して，分割表に入れる作業になる。各事例を横のそれぞれの行に，原因・結果を縦のそれぞれの列に並べることによって，それは作成される。この分割表によって，どのような（諸）条件のもとで結果が生じる／生じないのか，あるいはどの要因が頻繁に現れるのか，などといった各事例の体系的な比較分析ができるようになる。すなわち，中範囲の理論化を行うことが可能になるのである。

本書の意義と限界

　以上のように考察してきた方法論によって，序章で明らかにした社会科学と歴史学の問題点を解決することができるだろうか。双方の問題点をあらためて確認しよう。社会科学者が歴史分析をする際に浮かんでくるのは，「プロクル

ーステースの寝台」問題であった。これには二つのタイプが存在する。ひとつは，社会科学者が既存の歴史研究（二次文献）を参照する際に，自分の理論のためにそれら歴史研究を恣意的に取捨選択して利用する，という問題である。本書の方法論に従う限り，この意味での「プロクルーステースの寝台」問題は生じないことは言うまでもないだろう。「記述説」を採用することを，そして「過程構築」をする必要性を本書は掲げたが，それはつまり，先行する研究群とは異なったかたちで――オリジナルな見解を打ち出すことで――分析事例を明らかにすることであった。もちろんそこに，二次文献を取捨選択するという行為が入り込む余地はない。

では第二の意味の「プロクルーステースの寝台」問題についてはどうだろうか。これは理論や仮説をあらかじめ用意して，それをもって一次資料を調べる際に起きやすいものであった。自分の説にとって都合の悪い資料は無視し，都合の良い資料のみを証拠として挙げる，という問題である。この点，アブダクションという推論の方法を明示的に採用することを本書は提案した。それはつまり，仮説演繹法のように理論や仮説をもって事例にあたるのではなく，仮説を絶えず可変的にしておくことを，分析者に要求するものである。その要求から導かれるのは，自分にとって都合の良い資料だけを拾い上げる行為は控えなければならない，という忠告である。さらには，「過程構築」という手法もアブダクションを担保するものである。なぜなら第二の意味の「プロクルーステースの寝台」問題は，文脈を無視した主張に現れやすく，過程構築によって原因から結果に至るプロセスを詳細に描いていれば，恣意的な資料選択を行う余地も狭まるからである。

次に，歴史学にはらむ「木を見て森を見ない」という問題と，本書の方法論との関係を検討しよう。「木を見て森を見ない」とは，個別の事例を分析しただけで，その特殊性や一般性を強調しようとする，歴史研究者が陥りがちな傾向を意味していた。もちろんこの問題も本書の方法を使用することで，ある程度は――ある区切られた範囲においては――解決可能である。「中範囲の理論」を構築するべきであることと，分析範囲内においてすべての事例を分析するべきであることを，本書は提言した。さらには，各事例分析の体系的な比較が可能になるように，シンプルな分割表の作成方法を示した。われわれはそれらに

よって，限定された範囲の中で，なぜある事例では特定の要因が結果に影響を与えているのに，ほかの事例では違うのか，といった問いに解答ができるようになる。またその範囲において相対的に重要な要因——繰り返されるパターン——を明らかにすることもできる。これはもちろん，単一事例分析からは導くことができないものである。

　以上のように，社会科学と歴史学とにはらむ問題は，両者を統合することで解決可能なのである。そのための方法論を示した本書を世に送り出す意義は，まさにこの点にあると言える。もちろん筆者は，ここで考察した内容が，社会科学と歴史学を結び付ける唯一の方法論であると主張しているわけではない。またこれをほかの研究者や学生に，独善的に押しつけるつもりも毛頭ない。ただし本書の各章は，それぞれ社会科学や歴史学，あるいは科学哲学の重要テーマを扱ったものとなっている。それら個別のテーマからだけでも，歴史と理論の問題に関する理解を深めてもらえれば，それだけで本書を執筆した労力は報われることになるだろう。

　また，このような異なった学問を統合するメリットの大きさは，どんなに強調してもし過ぎることはない，という筆者の主張は付言しておいてもよいだろう。たとえば筆者が専門とする現在の政治学は，経済学・計量や数理を取り入れた分析はもとより，コンピュータ・シミュレーションやニューロ・サイエンスなど，多様なディシプリン，多様なアプローチが入り交じり，相互作用を起こし，そしていままでになかった優れた研究成果が現れている状況下にある。つまり現代社会で生じた問題を解くためには，従来のように自分の研究分野内で培われた手法を使うだけでは，不十分なものになりつつある。この点においても，歴史学と社会科学を別々の枠の中に閉じこめておく必要性はどこにもない。両者の長所を活かすかたちでの積極的な融合は，今後も奨励されるべきなのである。

　最後に，本書の方法論にもいくつか限界があることを告白しておこう。「はじめに」でも述べたことであるが，ここで提示した方法を実践するためには，ある程度の記述量が必要不可欠である。つまり残念ながら，小論文の執筆には向いていないことになる[26]。そして歴史研究につねにつきまとう問題ではあるが，資料の開示状況によって，事例を選択する範囲の幅は大きく左右されてし

まうだろう。仮に資料にアクセスできたとしても、適切な事例を発見し、記述説と因果説を満足させることは決して容易ではなく、かなりの根気強い努力が要求される。また、第1章第4節で論じた中範囲の理論形成法では、多国間比較は定義上不可能であり、研究の幅が制限されてしまうという欠点がある（44頁）。さらには、第5章第3節（144頁）で論じたように、複数事例間の分散があまりにも大きく、何のパターンもそこに見出すことができなければ、中範囲の理論構築は断念せざるをえないだろう。

　そのような限界にもかかわらず——あるいはそれゆえに——、歴史と理論を論じるうえで、本書がきっかけとなり、このような試みや問題意識がこれから盛り上がりを見せ、批判・反批判と建設的な議論によってさらに洗練された方法論が生み出されていくのならば、学問の発展にとって、これ以上望ましいことはない。

　そう心から願いつつ、筆をおく——すなわち、ラップトップを閉じる——。

26　ただしもちろん、過程構築により分析した個別の事例をひとつの小論文としてまとめることは——単一事例のみでは理論を構築することは困難であるが——可能である。

謝　辞

　本書は，2010 年に『レヴァイアサン』という雑誌に掲載された拙稿「(学界展望論文) 国際関係論における歴史分析の理論化：外交史アプローチによる両者統合への方法論的試み」をベースとし，それに大幅な加筆修正を施したものである．その拙稿および本書を執筆する過程で，次の方々からご批判＆ご助言を頂戴した．五百旗頭薫，遠藤晶久，岡部恭宜，織田（湯川）恵梨子，古泉達矢，早川有紀，湯川拓の各氏と東京大学社会科学研究所の先生方．また，本書に直接関与されていないものの，P. J. カッツェンスタイン，田中明彦，山影進の各先生方からは，大学院生／ポスドク時に貴重なご指導を受けた．記して感謝したい．

　勁草書房の上原正信さんは，方法論初学者にも理解できるように，本書を大幅に加筆するよう助言してくださった．また本書の最終稿を提出する前の段階で，西村もも子，吉田直未の両氏には，これ以上ないほど丁寧な校正作業をしていただいた．本書が読みやすくなっているとすれば，それはひとえに彼／彼女らのおかげである．

　筆者は 2013 年 9 月から 2014 年 12 月まで，海外研修に出させていただいたが（ロンドンとミュンヘン），その期間を利用して本書をまとめることができた．まだ職を得て間もないこともあり，組織のために何ら貢献らしい貢献をしていない筆者をこころよく送り出してくださり，さらに期間延長まで認めてくださった，石田浩所長をはじめとする東京大学社会科学研究所の同僚の先生方には，本当に感謝の言葉もない．

　本書は，科学研究費研究活動スタート支援「国際関係論における歴史分析の理論化に向けて：方法論の開拓」(2010–2011 年度，研究課題番号：22830022) の研究助成を受けた．助成期間が終了してから本書を上梓するまでに，およそ

3年の歳月を費やしてしまったことには忸怩たる思いではあるが，とりあえずいまは一つ肩の荷を下ろしたので，少しだけ安堵している。

2015 年 1 月 3 日
京都・北白川にて
保城 広至

引 用 文 献

※　本文での引用に関しては，引用した文献に旧版がある場合は，初版の出版年を［　］で付してある。また翻訳書の場合，原著の出版年を示したほうがよいと筆者が判断したものは，本文での引用の際に［原著は……年］と示してある。

日本語
アーノルド，ジョン・H.（新広記訳）（2003）『歴史』岩波書店。
安部公房（1970）［1959］『第四間氷期』講談社。
網野善彦（2000）『「日本」とは何か』講談社。
アセモグル，ダロン＆ジェイムズ・A. ロビンソン（2013）（鬼澤忍訳）『国家はなぜ衰退するのか：権力・繁栄・貧困の起源（上）』早川書房。
アングリスト，ヨシュア＆ヨーン・シュテファン・ピスケ（大森義明ほか訳）（2013）『「ほとんど無害」な計量経済学：応用経済学のための実証分析ガイド』NTT 出版。
五百旗頭薫（2010）『条約改正史：法権回復への展望とナショナリズム』有斐閣。
市川伸一（1998）『確率の理解を探る：3 囚人問題とその周辺』共立出版。
伊藤之雄（1996）「合理的選択モデルと近代日本研究」『レヴァイアサン』第 19 号。
色川大吉（1992）［1977］『歴史の方法』岩波書店。
ヴァン・エヴェラ，スティーヴン（野口和彦・渡辺紫乃訳）（2009）『政治学のリサーチ・メソッド』勁草書房。
ウィトゲンシュタイン，L.（佐藤徹郎訳）（1985）『ウィトゲンシュタイン全集　心理学の哲学 I』大修館。
上山春平（1996）「アブダクションの理論」『上山春平著作集　第一巻』法藏館。
ウェーバー，マックス（阿閉吉男・内藤莞爾訳）（1987）［1953］『社会学の基礎概念』恒星社厚生閣。
―――（富永祐治・立野保男訳，折原浩補訳）（1998）『社会科学と社会政策にかかわる認識の「客観性」』岩波書店。
ヴェーヌ，ポール（大津真作訳）（1982）『歴史をどう書くか：歴史認識論について

の試論』法政大学出版局。
ウォルツ，ケネス（河野勝・岡垣知子訳）（2010）『国際政治の理論』勁草書房。
内山融（2007）「事例分析という方法」『レヴァイアサン』第40号。
エルマン，コリン＆ミリアム・フェンディアス・エルマン（宮下明聡訳）（2003）「国際関係研究へのアプローチ：歴史学と政治学の対話」エルマン，コリン＆ミリアム・フェンディアス・エルマン編（渡辺昭夫監訳）『国際関係研究へのアプローチ：歴史学と政治学の対話』東京大学出版会。
岡部恭宜（2009）『通貨金融危機の歴史的起源：韓国，タイ，メキシコにおける金融システムの経路依存性』木鐸社。
カー，E. H.（清水幾太郎訳）（1962）『歴史とは何か』岩波新書。
ガーゲン，K. J.（永田素彦・深尾誠訳）（2004a）『社会構成主義の理論と実践：関係性が現実をつくる』ナカニシヤ出版。
─────（東村知子訳）（2004b）『あなたへの社会構成主義』ナカニシヤ出版。
川喜多二郎（1967）『発想法：創造性開発のために』中公新書。
川人貞史（2005）『日本の国会制度と政党政治』東京大学出版会。
ギアーツ，C.（吉田禎吾ほか訳）（1987）『文化の解釈学（1）』岩波書店。
ギャディス，ジョン・L.（五味俊樹ほか訳）（2002）『ロング・ピース：冷戦史の証言「核・緊張・平和」』芦書房。
─────（浜林正夫・柴田知薫子訳）（2004）『歴史の風景：歴史家はどのように過去を描くのか』大月書店。
キング，G., R. O. コヘイン，S. ヴァーバ（真渕勝監訳）（2004）『社会科学のリサーチ・デザイン：定性的研究における科学的推論』勁草書房。
ギンズブルグ，カルロ（杉山光信訳）（1984）『チーズとうじ虫：十六世紀の一粉挽屋の世界像』みすず書房。
ギンタス，ハーバート（成田悠輔ほか訳）（2011）『ゲーム理論による社会科学の統合』NTT出版。
久米郁男（2008）「事例研究：定性的研究の方法論的基礎」清水和己・河野勝編『入門 政治経済学方法論』東洋経済新報社。
─────（2013）『原因を推論する：政治分析方法論のすゝめ』有斐閣。
グライフ，アブナー（岡崎哲二・神取道宏監訳）（2009）『比較歴史制度分析』NTT出版。
クロォチェ，B.（羽仁五郎訳）（1952）『歴史の理論と歴史』岩波書店。

クワイン，W. V. O.（飯田隆訳）（1992）『論理的観点から：論理と哲学をめぐる九章』勁草書房。
河野康子（1994）『沖縄返還をめぐる政治と外交：日米関係史の文脈』東京大学出版会。
コリングウッド，R. G.（小松茂夫・三浦修訳）（2002）［1970］『歴史の観念』紀伊國屋書店。
コルバン，アラン（渡辺響子訳）（1999）『記録を残さなかった男の歴史：ある木靴職人の世界 1798-1865』藤原書店。
近藤洋逸＆好並英司（1979）『論理学入門』岩波書店。
斎藤誠（2006）『新版 新しいマクロ経済学：クラシカルとケインジアンの邂逅』有斐閣。
阪本拓人ほか（2012）『ホワイトハウスのキューバ危機』書籍工房早山。
桜井万里子（2006）『ヘロドトスとトゥキュディデス：歴史学の始まり』山川出版社。
鹿又伸夫ほか編（2001）『質的比較分析』ミネルヴァ書房。
篠原初枝（2008）「外交史・国際関係史と国際政治学理論：国際関係論における学際アプローチの可能性へむけて」『アジア太平洋討究』第 11 号。
ジャーヴィス，ロバート（野口和彦訳）（2003）「国際関係史と国際政治学：なぜ研究の仕方が異なるのか」エルマン，コリン＆ミリアム・フェンディアス・エルマン編（渡辺昭夫監訳）『国際関係研究へのアプローチ：歴史学と政治学の対話』東京大学出版会。
シューマン，F. L.（長井信一訳）（1973）『国際政治』東京大学出版会。
ジョージ，アレキサンダー＆アンドリュー・ベネット（泉川泰博訳）（2013）『社会科学のケース・スタディ：理論形成のための定性的手法』勁草書房。
ジョンソン，チャーマーズ（矢野俊比古訳）（1982）『通産省と日本の奇跡』TBS ブリタニカ。
世界銀行（白鳥正喜監訳）（1994）『東アジアの奇跡：経済成長と政府の役割』東洋経済新報社。
添谷芳秀（2005）『日本の「ミドルパワー」外交：戦後日本の選択と構想』ちくま新書。
高根正昭（1979）『創造の方法学』講談社現代新書。
竹岡敬温（1990）『「アナール」学派と社会史：「新しい歴史」へ向かって』同文舘

出版。

竹本信介（2012）「戦後日本外交のリサーチ・デザイン：『行政学』から戦後日本を考える」『立命館法学』第344号。

多湖淳（2009）『武力行使の政治学：単独と多角をめぐる国際政治とアメリカ国内政治』千倉書房。

田中明彦（2009）「日本の国際政治学：『棲み分け』を超えて」日本国際政治学会編『日本の国際政治一：学としての国際政治』有斐閣。

田中孝彦（2010）「国際関係研究における歴史：その課題，および理論との対話」山本武彦編『国際関係論のニュー・フロンティア』成文堂。

チャ，ヴィクター・D.（船橋洋一監訳・倉田秀也訳）（2003）『米日韓 反目を越えた提携』有斐閣。

デーヴィス，ナタリー・Z.（成瀬駒男訳）（1985）『マルタン・ゲールの帰還：16世紀フランスの偽亭主事件』平凡社。

デュエム，ピエール（小林道夫ほか訳）（1991）『物理理論の目的と構造』勁草書房。

ドイル，アーサー・C.（日暮雅通訳）（2006）『シャーロック・ホームズの回想』光文社。

戸田山和久（2000）『論理学をつくる』名古屋大学出版会。

パットナム，ロバート・D.（柴内康文訳）（2006）『孤独なボウリング：米国コミュニティの崩壊と再生』柏書房。

服部龍二（2011）『日中国交正常化：田中角栄，大平正芳，官僚たちの挑戦』中公新書。

ハンソン，N. R.（村上陽一郎訳）（1986）『科学的発見のパターン』講談社学術文庫。

フェーヴル，リュシアン（長谷川輝夫訳）（1995）［1977］『歴史のための闘い』平凡社ライブラリー。

ブローデル，フェルナン（浜名優美訳）（2004）［1991］『地中海〈普及版〉』藤原書店。

ブロック，マルク（堀米庸三監訳）（1995）［1973-77］『封建社会』岩波書店。

─── （松村剛訳）（2004）［1956］『新版 歴史のための弁明：歴史家の仕事』岩波書店。

ペルツ，スティーヴン（宮下明聡訳）（2003）「新しい外交史の構築へ向けて：国際政治の方法論に万歳二唱半」エルマン，コリン＆ミリアム・フェンディアス・

エルマン編（渡辺昭夫監訳）『国際関係研究へのアプローチ：歴史学と政治学の対話』東京大学出版会。

ヘロドトス（松平千秋訳）（1972）『歴史』岩波書店。

ヘンペル，カール・G.（黒崎宏訳）（1967）『自然科学の哲学』培風館。

─── （長坂源一郎訳）（1973）『科学的説明の諸問題』岩波書店。

保城広至（2007）「『対米協調』／『対米自主』外交論再考」『レヴァイアサン』第40号。

─── （2008）『アジア地域主義外交の行方：1952-1966』木鐸社。

─── （2010）「（学界展望論文）国際関係論における歴史分析の理論化：外交史アプローチによる両者統合への方法論的試み」『レヴァイアサン』第47号。

細谷雄一（2007）「外交史と現代政治分析」『レヴァイアサン』第40号。

ポパー，カール・R.（森博訳）（2004）［1978］『果てしなき探求』岩波書店。

─── （内田詔夫・小河原誠訳）（1980a）『開かれた社会とその敵：第一部プラトンの呪文』未來社。

─── （藤本隆志訳）（1980b）『推測と反駁：科学的知識の発展』法政大学出版局。

─── （岩坂彰訳）（2013）［1961］『歴史主義の貧困』日系BP社。

ホワイト，ウィリアム・F.（奥田道田・有里典三訳）（2000）『ストリート・コーナー・ソサエティ』有斐閣。

マイヤー，エドワルト＆マックス・ウェーバー（森岡弘通訳）（1965）『歴史は科学か』みすず書房。

御厨貴（2002）『オーラル・ヒストリー：現代史のための口述記録』中公新書。

宮下明聡（2004）「日本の援助政策とアメリカ：外圧反応型国家論の一考察」『レヴァイアサン』第34号。

ミルヘス，ロベルト（森博・樋口晟子訳）（1973-74）『現代民主主義における政党の社会学：集団活動の寡頭制的傾向についての研究』木鐸社。

ムーア，バリントン Jr.（1986）（宮崎隆次ほか訳）『独裁と民主政治の社会的起源』岩波書店。

村上陽一郎（1979）『新しい科学論：「事実」は理論をたおせるか』講談社。

メンガー，カール（吉田昇三ほか訳）（1986）『経済学の方法』日本経済評論社。

山影進（2014）「あとがき」山影進編『アナーキーな社会の混沌と秩序：マルチエージェント国際関係論のフロンティア』書籍工房早山。

山中仁美（2009）「国際政治をめぐる「理論」と「歴史」：E・H・カーを手がかりとして」『国際法外交雑誌』第108巻第1号。
山本博文（2013）『歴史をつかむ技法』新潮新書。
米盛裕二（2007）『アブダクション：仮説と発見の論理』勁草書房。
ラカトシュ，イムレ（村上陽一郎ほか訳）（1986）『方法の擁護：科学的研究プログラムの方法論』新曜社。
ラセット，ブルース（鴨武彦訳）（1996）『パクス・デモクラティア：冷戦後世界への原理』東京大学出版会。
ラムザイヤー，マーク＆フランシス・M. ローゼンブルース（河野勝監訳・青木一益ほか訳）（2006）『日本政治と合理的選択：寡頭政治の制度的ダイナミクス1868-1932』勁草書房。
ル＝ロワ＝ラデュリ，E（樺山紘一ほか訳）（1991）［1980］『新しい歴史：歴史人類学への道』藤原書店。
レイガン，チャールズ・C.（鹿又伸夫監訳）（1993）『社会科学における比較研究：質的分析と計量的分析の統合にむけて』ミネルヴァ書房。
ローウェンスタイン，ロジャー（東江一紀・瑞穂のりこ訳）（2001）『天才たちの誤算：ドキュメント LTCM 破綻』日本経済新聞社。

英 語

Achen, Christopher H. and Duncan Snidal (1989) "Rational Deterrence Theory and Comparative Case Studies," *World Politics*, 41-2.

Allison, Graham and Philip Zelikow (1999) *Essence of Decision: Explaining the Cuban Missile Crisis*, 2nd edition, New York: Longman.

Amsden, Alice H. (1992) *Asia's Next Giant: South Korea and Late Industrialization*, New York: Oxford University Press.

Ankersmit, Frank (1989) "Historiography and Postmodernism," *History and Theory*, 28-2.

Bates, Robert H. et. al. (1998) *Analytic Narratives*, Princeton, N.J.: Princeton University Press.

Beach, Derek and Rasmus Brun Pedersen (2013) *Process-Tracing Methods: Foundations and Guidelines*, Ann Arbor: University of Michigan Press.

Bennett, Andrew (2005) "Case Study Method: Design, Use, and Comparative

Advantages," in Sprinz, Detlef F. and Wolinsky-Nahmias Yael, eds., *Models, Numbers & Cases: Methods for Studying International Relations*, Ann Arbor: The University of Michigan Press.

――― (2008) "Process Tracing: A Bayesian Perspective," in Box-Steffensmeier, Janet M., Henry E. Brady and David Collier eds., *The Oxford Handbook of Political Methodology*, Oxford : Oxford University Press.

Berk, Richard A. (1983) "An Introduction to Sample Selection Bias in Sociological Data," *American Sociological Review*, 48-3.

Bernhofen, Daniel M. and John C. Brown (2004) "A Direct Test of the Theory of Comparative Advantage: The Case of Japan," *Journal of Political Economy*, 112-1.

――― (2005) "An Empirical Assessment of the Comparative Advantage Gains from Trade: Evidence from Japan," *The American Economic Review*, 95-1.

Braumoeller, Bear F. and Gary Goertz (2003) "The Statistical Methodology of Necessary Conditions," in Goertz, Gary and Harvey Starr eds., *Necessary Conditions: Theory, Methodology, and Applications*, Lanham, Md.; Oxford: Rowman & Littlefield.

Calder, Kent E. (1988) "Japanese Foreign Economic Policy Formation: Explaining the 'Reactive State'," *World Politics*, 40-4.

Chalmers, Alan F. (1999) *What is This Thing Called Science?*, 3rd edition, Buckingham: Open University Press.

Cohen, Raymond (1994) "Pacific Unions: A Reappraisal of the Theory that 'Democracies Do Not Go to War with Each Other'," *Review of International Studies*, 20-3.

Collier, David (1993) "The Comparative Method," in Finifter, Ada W., *Political Science: The State of the Discipline II*, Washington, D.C.: American Political Science Association.

――― (2011) "Understanding Process Tracing," *PS: Political Science and Politics*, 44-4.

―――, Henry E. Brady and Jason Seawright (2010) "Sources of Leverage in Causal Inference: Toward an Alternative View of Methodology," in Henry E. Brady and David Collier eds., *Rethinking Social Inquiry: Diverse Tools, Shared Standards*, 2nd edition, Lanham, Md: Rowman and Littlefield.

Davidson, Donald (1963) "Actions, Reasons and Causes," *Journal of Philosophy*, 60–3.

Dessler, David (1999) "Constructivism within a Positivist Social Science," *Review of International Studies*, 25–1.

———— and John Owen (2005) "Constructivism and the Problem of Explanation: A Review Article," *Perspectives on Politics*, 3–3.

Dray, William (1959) "'Explaining What' in History," in Gardiner, Patrick, ed., *Theories of History*, New York: The Free Press.

Eckstein, Harry (1975) "Case Study and Theory in Political Science," in Greenstein, Fred I., ed., *Strategies of Inquiry: Handbook of Political Science*, Vol. 7, Reading, Mass.: Addison-Wesley.

Elman, Colin (2005) "Explanatory Typologies in Qualitative Studies of International Politics," *International Organization*, 59–2.

Elton, Geoffrey R. (2002) *The Practice of History*, 2nd edition, Oxford: Blackwell.

Evans, Richard J. (2000) *In Defense of History*, New York: W.W. Norton.

Finnemore, Martha (2004) *The Purpose of Intervention: Changing Beliefs about the Use of Force*, Ithaca, N.Y.: Cornell University Press.

Friedman, Milton (1953) *Essays in Positive Economics*, Chicago; London: The University of Chicago Press.

Geddes, Barbara (2003) *Paradigms and Sand Castles: Theory Building and Research Design in Comparative Politics*, Ann Arbor: University of Michigan Press.

Geertz, Clifford (1973) *The Interpretation of Cultures: Selected Essays*, New York: Basic Books.

George, Alexander L. (1979) "Case Studies and Theory Development: The Method of Structured, Focused Comparison," in Lauren, Paul Gordon ed., *Diplomacy: New Approaches in History, Theory, and Policy*, New York:

Free Press.
────── and Richard Smoke (1974) *Deterrence in American Foreign Policy: Theory and Practice*, New York: Columbia University Press.
────── and Timothy J. McKeown (1985) "Case Studies and Theories of Organizational Decision Making," in Coulam, Robert and Richard Smith, eds., *Advances in Information Processing in Organizations*, Vol. 2, Greenwich, Conn.: JAI Press.
Gerring, John (2007) *Case Study Research: Principles and Practices*, Cambridge University Press.
Goertz, Gary (2003) "Cause, Correlation, and Necessary Condition," in Goertz, Gary and Harvey Starr eds., *Necessary Conditions: Theory, Methodology, and Applications*, Lanham, Md.; Oxford: Rowman & Littlefield.
────── (2006) *Social Science Concepts: A User's Guide*, Princeton, New Jersey: Princeton University Press.
────── and Harvey Starr eds., (2003) *Necessary Conditions: Theory, Methodology, and Applications*, Lanham, Md.; Oxford: Rowman & Littlefield.
────── and Harvey Starr (2003) "Introduction: Necessary Condition Logics, Research Design, and Theory," in Goertz, Gary and Harvey Starr eds., *Necessary Conditions: Theory, Methodology, and Applications*, Lanham, Md.; Oxford: Rowman & Littlefield.
Goldthorpe, John H. (1991) "The Use of History in Sociology: Reflections on Some Recent Tendencies," *British Journal of Sociology*, 42-2.
Gourevitch, Peter (1978) "The International System and Regime Formation: A Critical Review of Anderson and Wallerstein," *Comparative Politics*, 10-3.
Gujarati, Damodar N. (2003) *Basic Econometrics*, 4th Edition, Boston: McGraw-Hill Irwin.
Haas, Mark L. (2001) "Prospect Theory and the Cuban Missile Crisis," *International Studies Quarterly*, 45-2.
Hackett, Roger F. (1971) *Yamagata Aritomo in the Rise of Modern Japan: 1838-1922*, Cambridge: Harvard University Press.

Hanson, Norwood Russell (1961) "Is There a Logic of Scientific Discovery?," in Feigl, Herbert and Grover Maxwell, eds., *Current Issues in the Philosophy of Science*, New York: Holt, Rinehart and Winston.

Hartshorne, Charles and Paul Weiss (1960–66) *Collected Papers of Charles Sanders Peirce*, vols. 1–8, Cambridge, Massachusetts: The Belknap Press of Harvard University Press.

Hempel, Gustav Carl (1945) "Studies in the Logic of Confirmation I and II," *Mind*, 45.

―――― (1966) *Philosophy of Natural Science*, Englewood Cliffs, N.J.: Prentice-Hall.

Hobsbawm, Eric (1980) "The Revival of Narrative: Some Comments," *Past and Present*, 86–1.

Hollis, Martin and Steve Smith (1990) *Explaining and Understanding International Relations*, New York: Oxford University Press.

Hoshiro, Hiroyki (2012) "Book Review, Makoto Iokibe ed., Robert D. Elridge translated and annotated (2010) The Diplomatic History of Postwar Japan," *Pacific Affairs*, 85–2.

Howson, Colin and Peter Urbach (2006) *Scientific Reasoning: The Bayesian Approach*, 3rd edition, Chicago: Open Court.

Isaacson, Walter (1992) *Kissinger: A Biography*, New York: Simon & Schuster.

Jenkins, Keith (1991) *Re-thinking History*, London and New York: Routledge.

Jepperson, Ronald L., Alexander Wendt and Peter J. Katzenstein (1996) "Norms, Identity, and Culture in National Security," in Katzenstein, Peter J. ed., *The Culture of National Security: Norms and Identity in World Politics*, New York: Columbia University Press.

Kahneman, Daniel and Amos Tversky (1979) "Prospect Theory: An Analysis of Decision under Risk," *Econometrica*, 47–2.

Khong, Yuen Foong (1992) *Analogies at War: Korea, Munich, Dien Bien Phu, and the Vietnam decisions of 1965*, Princeton, N.J.: Princeton University Press.

Kitcher, Philip (1976) "Explanation, Conjunction, and Unification," *Journal of Philosophy*, 73-8.
——— (1981) "Explanatory Unification," *Philosophy of Science*, 48-4.
——— (1989) "Explanatory Unification and the Causal Structure of the World," in Kitcher, P. and W. Salmon eds., *Scientific Explanation, Minnesota Studies in the Philosophy of Science*, Vol. 13, Minneapolis: University of Minnesota Press.
Kratochwil, Friedrich V. (1989) *Rules, Norms, and Decisions: On the Conditions of Practical and Legal Reasoning in International Relations and Domestic Affairs*, New York: Cambridge University Press.
Kuhn, Thomas S. (2012) [1962] *The Structure of Scientific Revolutions*, 4th edition, Chicago, IL: University of Chicago Press.
Levy, Jack (1994) "Learning and Foreign Policy: Sweeping a Conceptual Minefield," *International Organization*, 48-2.
Lijphart, Arend (1971) "Comparative Politics and the Comparative Method," *The American Political Science Review*, 65-3.
Little, Daniel (1991) *Varieties of Social Explanation: An Introduction to the Philosophy of Social Science*, Boulder: Westview Press.
——— (1998) *Microfoundations, Method, and Causation: On the Philosophy of the Social Sciences*, New Brunswick, N.J.: Transaction Publishers.
Lustick, Ian S. (1996) "History, Historiography, and Political Science: Multiple Historical Records and the Problem of Selection Bias," *American Political Science Review*, 90-3.
Machlup, Fritz (1955) "The Problem of Verification in Economic," *Southern Economic Journal*, 22-1.
Mahoney, James (2001) *The Legacies of Liberalism: Path Dependence and Political Regimes in Central America*, the John Hopkins University Press.
——— (2010) "After KKV: The New Methodology of Qualitative Research," *World Politics*, 62-1.
——— and Dietrich Rueschemeyer eds. (2003) *Comparative Historical Analysis in the Social Sciences*, Cambridge: Cambridge University Press.
Mankiw, Gregory N. (2007) *Macroeconomics*, 6th edition, New York: Worth

Publishers.

Mansfield, Edward D. and Helen V. Milner (2012) *Votes, Vetoes, and the Political Economy of International Trade Agreements*, Princeton, N.J.: Princeton University Press.

Marshall, Monty G., Keith Jaggers and Ted Robert Gurr (2011) *Polity IV Project: Political Regime Characteristics and Transitions, 1800–2010: Dataset Users Manual*, Center for Systemic Peace.

Marshall, Thomas H. (1964) *Class, Citizenship, and Social Development*, New York: Doubleday & Co.

May, Ernest R. and Philip D. Zelikow (1997) *The Kennedy Tapes: Inside the White House During the Cuban Missile Crisis*, Cambridge, Mass.: Belknap Press of Harvard University Press.

Mayhew, David R. (2004) *Congress: the Electoral Connection*, 2nd edition, New Heaven and London: Yale University Press.

McMahon, Robert J. (1986) "Eisenhower and Third World Nationalism: A Critique of the Revisionists," *Political Science Quarterly*, 100–3.

Merton, Robert K. (1936) "The Unanticipated Consequences of Purposive Social Action," *American Sociological Review*, 1–6.

―――― (1968) *Social Theory and Social Structure*, New York: Free Press.

Mill, John Stuart (1882) *A System of Logic, Ratiocinative and Inductive: Being a Connected View of the Principles of Evidence and the Methods of Scientific Investigation*, 8th edition, New York: Harper.

Moravcsik, Andrew (1998) *The Choice for Europe: Social Purpose and State Power from Messina to Maastricht*, Ithaca: Cornell University Press.

Moses, Jonathon W. and Torbjørn L. Knutsen (2012) *Ways of Knowing: Competing Methodologies in Social and Political Research*, 2nd edition, Basingstoke: Palgrave Macmillan.

Orr, Robert M. Jr. (1990) *The Emergence of Japan's Foreign Aid Power*, New York: Columbia University Press.

Pedersen, Susan (2002) "What is Political History Now?," in Evans, Richard J., ed., *What is History Now?*, Basingstoke: Palgrave Macmillan.

Political Psychology (1992) "Special Issue: Prospect Theory and Political

Psychology," *Political Psychology*, 13-2.

―――― (2004) "Special Issue (Part Two): Prospect Theory," *Political Psychology*, 25-2, 25-3.

Popper, Karl (2002) [1959] *The Logic of Scientific Discovery*, New edition, London and New York: Routledge.

Putnam, Robert D. (1988) "Diplomacy and Domestic Politics: The Logic of Two-Level Games," *International Organization*, 42-3.

Ragin, Charles C. (1997) "Turning the Tables: How Case-Oriented Research Challenges Variable-Oriented Research," *Comparative Social Research*, 16.

―――― (2000) *Fuzzy-Set Social Science*, Chicago: University of Chicago Press.

―――― (2008) *Redesigning Social Inquiry: Fuzzy Sets and Beyond*, Chicago: University of Chicago Press.

―――― and Howard S. Becker eds. (1992) *What is a Case?: Exploring the Foundations of Social Inquiry*, New York, NY, USA: Cambridge University Press.

Ray, James Lee and Bruce Russett (1996) "The Future as Arbiter of Theoretical Controversies: Predictions, Explanations and the End of the Cold War," *British Journal of Political Science*, 26-4.

Roberts, Clayton (1996) *The Logic of Historical Explanation*, University Park, Pa.: The Pennsylvania State University Press.

Rueschemeyer, Dietrich (2003) "Can One or a few Cases Yield Gains?," in Mahoney, James and Dietrich Rueschemeyer, eds., *Comparative Historical Analysis in the Social Sciences*, Cambridge: Cambridge University Press.

Ruggie, John G. (1998) *Constructing the World Polity: Essays on International Institutionalization*, London; New York: Routledge.

Salmon, Wesley (1984) *Scientific Explanation and the Causal Structure of the World*, Princeton, N.J.: Princeton University Press.

―――― (1998) *Causality and Explanation*, New York; Tokyo: Oxford University Press.

Sartori, Giovanni (1970) "Concept Misformation in Comparative Politics," *The American Political Science Review*, 64-4.

Schelling, Thomas (1966) *Arms and Influence*, New Heaven: Yale University Press.

Schroeder, Paul W. (1997) "History and International Relations Theory: Not Use or Abuse, but Fit or Misfit," *International Security*, 22-1.

Schweder, Rebecca (2005) "A Defense of a Unificationist Theory of Explanation", *Foundations of Science*, 10.

Skocpol, Theda (1984) "Emerging Agendas and Recurrent Strategies in Historical Sociology," in Skocpol, Theda, ed., *Vision and Method in Historical Sociology*, Cambridge [Cambridgeshire] : Cambridge University Press.

Smith, Steve (2000) "Wendt's World," *Review of International Studies*, 26-1.

――― (2001) "Foreign Policy is What States Make of It: Social Construction and International Relation Theory," in Vendulka Kubálková ed., *Foreign Policy in A Constructed World*, Armonk, NY : M. E. Sharpe.

Stern, Sheldon M. (2003) *Averting the Final Failure: John F. Kennedy and the Secret Cuban Missile Crisis Meetings*, Stanford: Stanford University Press.

Stone, Lawrence (1979) "The Revival of Narrative," *Past and Present*, 85-1.

Tannenwald, Nina (2005) "Ideas and Explanation: Advancing the Theoretical Agenda," *Journal of Cold War Studies*, 7-2.

Tawney, Richard H. (1912) *The Agrarian Problem in the Sixteenth Century*, London: Longmans.

――― (1941) "The Rise of the Gentry," *Economic History Review*, 11-1.

Topolski, Jerzy (1999) "The Role of Logic and Aesthetics in Constructing Narrative Wholes in Historiography," *History and Theory*, 38-2.

Trachtenberg, Marc (2006) *The Craft of International History: A Guide to Method*, Princeton, N.J.: Princeton University Press.

Vincent, John (2006) *An Intelligent Person's Guide to History*, Overlook TP.

Wade, Robert (2004) *Governing the Market: Economic Theory and the Role of Government in East Asian Industrialization*, 2nd edition, Princeton, N.J.: Princeton University Press.

Walker, Henry A. and Bernard P. Cohen (1985) "Scope Statements:

Imperatives for Evaluating Theory," *American Sociological Review*, 50–3.

Wallerstein, Immanuel (1974) *The Modern World-System: Capitalist Agriculture and the Origins of the European World-economy in the Sixteenth Century*, New York; Tokyo: Academic Press.

Walt, Stephen M. (1987) *The Origins of Alliances*, Ithaca: Cornell University Press.

Wendt, Alexander (1998) "On Constitution and Causation in International Relations," *Review of International Studies*, 24 (Special Issue).

―――― (1999) *Social Theory of International Politics*, Cambridge: Cambridge University Press.

White, Hayden V. (1973) *Metahistory: The Historical Imagination in Nineteenth-Century Europe*, Baltimore: Johns Hopkins University Press.

Wiener, Jonathan (1975) "The Barrington Moore Thesis and Its Critics," *Theory and Society*, 2.

Wight, Colin (2013) "Philosophy of Social Science and International Relations," in Walter Carlsnaes, Thomas Risse and Beth A. Simmons eds., *Handbook of International Relations*, London: SAGE.

Yasutomo, Dennis T. (1995) *The New Multilateralism in Japan's Foreign Policy*, Basingstoke: Macmillan.

Yin, Robert K. (2009) *Case Study Research: Design and Methods*, 4th edition, Thousand Oaks, Calif.: SAGE Publications.

事項索引

ア行

アイゼンハワー修正主義　83
アスペクト盲　79
アナール学派　52, 55, 56, 81
アブダクション　66, 67, 69, 80, 87, 89–97, 108, 109, 111, 120, 121, 124, 128, 131, 137, 140, 142, 148, 153–55
ある現象の発端　133, 134
イージー・ケース　77, 100–102
一次（原）資料　7, 11–13, 19, 103, 129, 131, 132, 155
逸脱事例　103, 104, 106, 108
一致差異併用法　69–71
一致法　69, 70
因果プロセス観察　121
因果メカニズム　53, 62, 92, 93, 120, 122, 125, 128, 142, 148
エディプス効果　35
演繹的・法則的説明（D-N 説明）　49, 50, 53, 112
演繹法　ii, 24, 50, 66, 68, 80, 84–87, 89–93, 120, 121, 140, 153, 155
オーラル・ヒストリー　136

カ行

外圧　100–103, 145
介在変数　96, 132
解釈学　59–62, 66, 137
概念の階段　139
概念の過剰散開　30
仮説演繹法　80, 89–93, 120, 121, 140, 153, 155
過程構築　121, 123, 124, 133, 134, 137, 138, 140, 142, 145, 147, 148, 154, 155, 157
過程追跡　111, 124, 125, 128–32, 137, 138, 148, 154
　結果説明型の――　128
　理論検証型の――　128–33, 137
　理論構築型の――　128
寡頭制の鉄則　105
カルテル理論　8
観察　27, 35, 39, 44, 59, 68, 69, 76–78, 81, 87–90, 94, 96, 107–13, 118, 120, 121, 125, 128, 133, 145, 147, 153
帰納的・統計的説明（I-S 説明）　49, 50, 112
帰納的飛躍　71, 76, 78, 84, 102, 108, 118, 153
帰納の五つのカノン（J. S. ミルによる）　69, 70, 72
　――の一致差異併用法　69–71
　――の一致法　69, 70
　――の共変法　69–71
　――の差異法　69–72
　――の余剰法　69–71
帰納法　ii, 24, 50, 66, 68, 69, 71, 76, 78,

178　　　　　　　　　　　　　　　事項索引

　　　　80, 82, 84, 87, 94, 107, 112, 118, 153
基本情報（歴史資料における）　82
教訓理論　145
共変法　69–71
極端な／ユニークな事例　105, 106
「木を見て森を見ない問題」　20, 23, 147, 152, 155
啓示的事例　105, 106
KJ法　94
決定的実験　108, 109
決定的事例　105–108
決定的分岐点　134
ケネディ・テープ　130, 131
験証　79
限定的一般化　35, 36
倹約　62, 63
効果が一定　37, 112, 113
構造化，焦点化された比較の方法　111, 114, 116, 122, 124
合理的選択論　8, 10, 61
個性記述的研究　24, 27, 44, 152
コンプレックス理論　79

サ行

最小二乗法　38, 40, 41, 114
差異法　69–72
作業仮説　88, 89, 96, 118, 120, 134, 137, 138, 140, 153
自己破壊的予測　31
自然実験　72–75
自然主義　28–30, 152
事前調査　104
実験群　72, 73
実験の不可能性（帰納法の）　71, 72, 84, 108, 109, 153
実証主義者　51, 53, 55, 56, 58–61, 66, 89

質的比較分析の方法　139, 141
社会構成主義　56–59, 61, 94, 153
従属変数　iii, 38, 40, 41, 90, 91, 95, 96, 113, 119, 120, 122, 124, 140, 143, 147, 154
十分条件　90–93, 121, 142–44, 147, 148
　実質的な――　92, 147, 148
資料批判　7, 133
事例選択　→　リサーチ・デザイン
事例全枚挙　99, 100, 113, 116, 118, 119, 122, 154
事例内分析　91, 110, 120, 121, 147
スモーキング・ガン　108
正規分布　13, 14, 21
説明　24, 45, 47–49, 51–63, 66, 110, 153
　因果説の――　48, 49, 51–53, 56–58, 60–66, 95, 109, 124, 153, 157
　記述説の――　48, 54, 56–59, 63–66, 93, 95, 103, 109, 110, 113, 116, 117, 124, 133, 153, 155, 157
　統合説の――　48, 53, 54, 62, 63, 66, 153
　理解説の――　61, 62, 66
説明項　49, 50, 53
説明変数　iii, 63
全システム社会学理論　36
前提　20, 50, 54, 55, 68, 81, 84–86, 93, 96, 104, 119, 153
属性空間　139

タ行

対偶　122
対抗仮説　127
代表的／典型的事例　105
単一事例　17, 100, 104, 106–10, 121, 142, 147, 156, 157

逸脱事例としての——　　103, 104, 106, 108
　　極端な／ユニークな事例としての——　　105, 106
　　啓示的事例としての——　　105, 106
　　決定的事例としての——　　105–108
　　代表的／典型的事例としての——　　105
　　長期的研究事例としての——　　105–107, 114
単位同質性　　37, 112, 113, 117
単称言明　　69, 76, 96, 118, 153
チェリー・ピッキング　　131
中心極限定理　　13, 14, 21
中範囲の理論　　25, 26, 31, 35–37, 42–45, 63, 81, 114, 118, 144, 148, 153–55, 157
　　——におけるイシューの限定　　37, 111
　　——における空間の限定　　37, 39, 45
　　——における時間の限定　　37, 38, 118
　　——の定義　　43, 148
長期的研究事例　　105–107, 114
長期的比較　　107
通史分析　　114, 122
ディシプリン　　iv, 4, 22, 23, 94, 156
定性的研究　　ii, iii, 24, 119, 124, 129, 148
定量的研究　　iii, 121
てこ比　　63, 120
データセット観察　　121
デュエム＝クワイン・テーゼ　　108, 109
等価変分　　75
統制群　　72, 73
独立変数　　iii, 38, 40, 41, 73, 90, 91, 93, 95, 96, 104, 113, 119–21, 124, 139, 140, 143, 145
トービット・モデル　　39, 41

ナ行

なぜ疑問（why 疑問）　　49, 50, 58, 64, 95, 153
何であるか疑問（what 疑問）　　55, 58, 63, 95
二次文献（資料）　　6–8, 11, 12, 155
日本特殊論　　18

ハ行

発見的機能　　89
ハード・ケース　　76, 77, 108, 109
パラダイム・シフト　　22
範囲条件　　117
反証可能性　　68, 78, 79
　　——における素朴な反証主義　　82
比較優位説　　73–75
比較歴史分析　　4
被説明項　　49, 50, 53
被説明変数　　iii
必要条件　　90–93, 110, 120, 121, 142, 143, 147
　　重要な——　　92, 142
標本選択バイアス　　39, 114, 115, 118–22, 143, 144
ファジー集合　　140, 141
ファショダ危機　　103
普遍言明　　69, 76, 96, 118, 153
プリンシパル＝エイジェント理論　　10
ブール代数　　140, 141
「プロクルーステースの寝台」問題　　11, 13, 21, 23, 83, 124, 125, 129, 133, 148, 152, 154, 155
プロスペクト理論　　129, 130
分割表　　139, 140, 142–46, 149, 154, 155
文脈　　23, 60, 131–33, 148, 155

ベイズの定理　125–28, 132
ヘンペルのカラス　111, 112
法則定立的研究　24, 27, 44, 152
方法論争　19, 20, 68
「吠えなかった犬」　17, 18, 20
ほかの条件を一定にする　43, 72, 76, 119
ポスト実証主義　60, 61
ポスト・モダニスト　81
Polity IV プロジェクト　88

マ行

前向きの解　33, 34
マルクス主義　31, 32, 56
ミクロの歴史　56, 103
ミドルパワー　145
民主主義平和（デモクラティック・ピース）　29, 30, 103
無作為抽出　113, 114, 118
最もありえそうな事例　77, 102, 104, 105, 107
最もありえそうにない事例　105, 107

ヤ行

尤度比　127

予言の自己実現性　32, 42, 44, 152
予言の自己否定性　30–32, 42, 44, 152
余剰法　69–71

ラ行

理解（verstehen）　59
理解社会学　59
リサーチ・デザイン（事例選択）　ii, 24, 45, 51, 77, 91, 93, 97, 100–102, 109, 113–15, 118–22, 147, 154
リトロダクション　→　アブダクション
理論決定性　83
理論の現象消失性　32, 33, 42, 44, 152
理論の定義　26, 42
理論負荷性　71, 78–84
類型論　139, 140, 145
例証　86
歴史主義（ポパーによる）　28
ロングタームキャピタルマネジメント（LTCM）社　31

ワ行

割引因子　34

人名索引

ア行

アドラー, A.　79
安部公房　34
アリソン, G.　77, 130
伊藤之雄　10, 11, 13, 18, 21
色川大吉　7, 95
イン, R. K.　104, 107, 114
ヴァン・エヴェラ, S.　51, 129
ウィトゲンシュタイン, L. J.　78, 79
ヴェーヌ, P.　55
ウェーバー, M.　27, 59, 61, 62, 66
ウェント, A.　58, 59, 61
ウォーラーステイン, I.　29
ウォルツ, K.　86, 87
ウォルト, S.　140
エクスタイン, H.　104, 107
エルトン, G. R.　55
エルマン, C.　20, 56, 140

カ行

カー, E. H.　27, 28, 53, 56, 82
ガー, T. R.　88
カーネマン, D.　129
川喜田二郎　94
ギアーツ, C.　59–61
キッシンジャー, H.　32, 133
キッチャー, P.　53, 54
ギャディス, J. L.　35, 36, 82, 83, 95, 132

キング, G.　ii, 37, 51, 53, 62, 63, 80, 100, 107, 108, 112, 113, 119–21
ギンズブルグ, C.　56, 103
久米郁男　51, 110
クローチェ, B.　81
クーン, T. S.　22, 86
ゲリング, J.　107
河野康子　116
コーエン, R.　30
コリアー, D.　121
コリングウッド, R. G.　16, 17, 23, 81
ゴールドソープ, J. H.　7, 8, 13
コルバン, A.　56, 103
近藤洋逸　94

サ行

サーモン, W.　49, 51
シェリング, T.　86
ジャーヴィス, R.　22
シューマン, F. L.　29
フォン・シュモラー, G.　20
シュローダー, P.　12
ジョージ, A. L.　37, 103, 104, 111, 113, 122, 124, 125, 131, 132, 139
ショールズ, M. S.　31
スコッチポル, T.　13, 21
スミス, S.　60, 61

タ行

高根正昭　**51, 52**
多湖淳　**135**
タンネンヴァルト, N.　**59**
チャ, V. D.　**44**
デスラー, D.　**58**
ドイル, A. C.　**17**
トーニー, R. H.　**7**

ハ行

ハケット, R. F.　**11**
ハーシェル, J.　**69**
ハース, M.　**129–31**
パース, C. S.　**69, 87, 89, 96**
パーソンズ, T.　**36**
パットナム, R.　**33, 54**
服部龍二　**136**
ハンソン, N. R.　**79, 87, 94**
ビーチ, D.　**128**
フェーヴル, L.　**52, 56, 81**
ブラウン, J. C.　**73, 75**
フリードマン, M.　**86**
ブール, G.　**141**
ブロック, M.　**52–54, 56**
ブローデル, F.　**16, 17, 23, 63–65**
ベーコン, F.　**68, 69, 80**
ペデルセン, R. B.　**128**
ベネット, A.　**37, 103, 104, 111, 113, 124, 125, 128, 131, 132, 139**
ベルク, R. A.　**39**
ベルンホーフェン, D. M.　**73–75**
ヘロドトス　**52**
ヘンペル, C.　**49, 50, 53, 78, 111, 112**
ポパー, K. R.　**28, 35, 68, 78, 79, 84, 94, 112**
ホームズ, S.　**17**
ホリス, M.　**60, 61**

マ行

マイヤー, E.　**27**
マクニール, W. H.　**95**
マーシャル, M. G.　**88**
マートン, R. C.（経済学者）　**31**
マートン, R. K.（社会学者）　**31, 35**
マルクス, K. H.　**28, 31, 32, 36, 56**
マンハイム, K.　**28**
宮下明聡　**101, 102**
ミル, J. S.　**49, 69–72**
ムーア, B.　**4–8, 13, 18, 21, 44**
メンガー, C.　**20, 68, 86**
モラヴチック, A.　**44**

ヤ行

山影進　**94**

ラ行

ラカトシュ, I.　**78, 82, 108, 109**
ラギー, J. G.　**58, 94**
ラスティック, I. S.　**13, 14, 16, 21**
ラセット, B.　**29, 30**
ラムザイヤー, J. M.　**8–11, 18, 21, 23**
フォン・ランケ, L.　**56**
リカード, D.　**74**
リトル, D.　**28, 61**
ルシュマイヤー, D.　**104**
レイガン, C. C.　**118, 139, 141**
レイプハルト, A.　**104, 106**
ローゼンブルース, F. M.　**8–11, 18, 23**
ロバーツ, C.　**53**

●著者紹介

保城 広至（ほしろ ひろゆき）

1975年生まれ。1999年に筑波大学第一学群社会学類卒業，2007年に東京大学大学院総合文化研究科より博士（学術）を取得。東京大学東洋文化研究所助教などを経て，

現在：東京大学社会科学研究所教授。専門は国際関係論，現代日本外交論。

主著：『アジア地域主義外交の行方：1952-1966』（木鐸社，2008年，大平正芳記念賞受賞），『ホワイトハウスのキューバ危機：マルチエージェント・シミュレーションで探る核戦争回避の分水嶺』（書籍工房早山，2012年，共著），『国境を越える危機・外交と制度による対応――アジア太平洋と中東』（東京大学出版会，2020年，共編）など。

歴史から理論を創造する方法
社会科学と歴史学を統合する

2015年3月20日　第1版第1刷発行
2023年4月10日　第1版第6刷発行

著　者　保　城　広　至
　　　　　ほ　しろ　ひろ　ゆき
発行者　井　村　寿　人

発行所　株式会社　勁　草　書　房
　　　　　　　　　　けい　そう
112-0005　東京都文京区水道2-1-1　振替 00150-2-175253
　　　（編集）電話 03-3815-5277／FAX 03-3814-6968
　　　（営業）電話 03-3814-6861／FAX 03-3814-6854
　　　　　　　　　　　　　　　　　　理想社・中永製本所

ⒸHOSHIRO Hiroyuki　2015

ISBN978-4-326-30240-6　　Printed in Japan　

 〈㈳出版者著作権管理機構　委託出版物〉
本書の無断複製は著作権法上での例外を除き禁じられています。
複製される場合は、そのつど事前に、出版者著作権管理機構
（電話 03-5244-5088、FAX 03-5244-5089、e-mail: info@jcopy.or.jp）
の許諾を得てください。

＊落丁本・乱丁本はお取替いたします。
　ご感想・お問い合わせは小社ホームページから
　お願いいたします。
　　　　　　　　　　https://www.keisoshobo.co.jp

G. キング，R. O. コヘイン，& S. ヴァーバ　真渕勝 監訳
社会科学のリサーチ・デザイン——定性的研究における科学的推論
　どのように研究をすすめればよいのか？　アメリカの政治学会で定性的手法復興のきっかけとなった，実践的方法論の教科書。　　　　　　4180 円

スティーヴン・ヴァン・エヴェラ　野口和彦・渡辺紫乃 訳
政治学のリサーチ・メソッド
　すぐれた研究の進め方とは？　全米の大学で使われている定番テキストをついに完訳！　社会科学のエッセンスを伝授する。　　　　　　　2420 円

A. ジョージ & A. ベネット　泉川泰博 訳
社会科学のケース・スタディ——理論形成のための定性的手法
　すぐれた事例研究の進め方とは？　事例研究による理論の構築と検証，事例研究の3段階などを実践的にガイドする。　　　　　　　　　4950 円

H. ブレイディ & D. コリアー編　泉川泰博・宮下明聡 訳
社会科学の方法論争——多様な分析道具と共通の基準　原著第2版
　Rethinking Social Inquiry の全訳。どの研究手法をどう使えばいいのか？　KKV 論争がこれで理解できる。便利な用語解説つき。　　　5170 円

M. ラムザイヤー & F. ローゼンブルース　河野勝 監訳
日本政治と合理的選択——寡頭政治の制度的ダイナミクス 1868-1932
　現代政治学と歴史学の交差。戦前日本政治の変動を，政治家の個性やイデオロギー対立ではなく合理的選択論から解明する。　　　　　3960 円

ケネス・ウォルツ　河野勝・岡垣知子 訳
国際政治の理論
　国際関係論におけるネオリアリズムの金字塔。政治家や国家体制ではなく無政府状態とパワー分布から戦争原因を明らかにする。　　　4180 円

――――――――――――――――――――――――――――――勁草書房刊

＊刊行状況と表示価格は 2023 年 4 月現在，消費税込み。